政府会计实务

100问

张琦 潘晓波◎编著

中南财经政法大学政府会计研究所◎组编

ACCOUNTING

人民邮电出版社

北京

图书在版编目（ＣＩＰ）数据

政府会计实务100问 / 张琦，潘晓波编著. -- 北京：
人民邮电出版社，2023.8（2023.12重印）
ISBN 978-7-115-61643-2

Ⅰ.①政… Ⅱ.①张… ②潘… Ⅲ.①预算会计—问
题解答 Ⅳ.①F810.6-44

中国国家版本馆CIP数据核字(2023)第067499号

内 容 提 要

本书针对政府会计准则制度实施过程中的 100 个重难点问题，采用问答的方式进行讲解。从内容上，本书聚焦政府会计准则制度在会计实务中的重难点，以应对会计实务中难以理解或容易引起疑惑的问题。从形式上，本书每个问题以经济事项或业务为对象进行讲解，更为贴近实务工作中面临的业务情景；多数问题采用讲解和示例相结合的方式，以解决问题为导向。从篇幅上，本书每个问题的讲解篇幅短，适应现代利用碎片时间学习的方式，提供更具效率的学习渠道。

◆ 编　著　张　琦　潘晓波
　　责任编辑　刘向荣
　　责任印制　李　东　胡　南
◆ 人民邮电出版社出版发行　　北京市丰台区成寿寺路 11 号
　　邮编　100164　电子邮件　315@ptpress.com.cn
　　网址　https://www.ptpress.com.cn
　　北京虎彩文化传播有限公司印刷
◆ 开本：880×1230　1/32
　　印张：6.5　　　　　　　　2023 年 8 月第 1 版
　　字数：209 千字　　　　　　2023 年 12 月北京第 3 次印刷

定价：59.80 元

读者服务热线：**(010)81055256**　印装质量热线：**(010)81055316**
反盗版热线：**(010)81055315**
广告经营许可证：京东市监广登字 20170147 号

前言

2009 年 5 月，在财政部会计司与中南财经政法大学的大力支持下，中南财经政法大学政府会计研究所（简称"政府会计研究所"）正式成立。经过十余年的发展，政府会计研究所发展成为国内外知名的政府会计学术平台、高端的政府会计政策智库和一流的政府会计人才基地。2017 年 1 月，财政部正式将政府会计研究所纳入财政部"部部省"（财政部、教育部和湖北省）共建框架，2017 年 7 月财政部指定其为"政府会计准则制度建设与实施工作联系点单位"。鉴于政府会计研究所对我国政府会计改革事业作出的卓越贡献，财政部会计司于 2017 年、2018 年、2019 年连续三年发公函表彰政府会计研究所团队。2016 年 5 月 13 日《中国会计报》还以《当好政府会计领域"智囊团"——中南财经政法大学政府会计研究所在致力于政府会计研究中成长侧记》为题专版报道了政府会计研究所的事迹。

十余年来，政府会计研究所亲历并见证了我国政府会计改革与发展在国家治理与政府理财方面作出的卓越贡献。在国务院批转财政部《权责发生制政府综合财务报告制度改革方案》的指导下，在财政部会计司等相关司局的直接指挥下，我国的政府会计及财务报告制度改革取得了举世瞩目的成功。截至 2022 年年底，我国已经基本建成了一套相对成熟完善的政府会计准则制度体系。

2017 年 10 月 24 日，财政部正式印发了《政府会计制度——行政事业单位会计科目和报表》。那时起，我们就计划撰写一本关于政府会计制度讲解及其实操答疑的小册子，这本小册子现已撰写完成，并具有以下特点。一是问题导向，答疑解惑。我们将制度落地时可能引发的实务问题进行了梳理，从政府会计科目设计逻辑及应用、行政事业单位经济交易与事项的会计处理、财务报表的编制及报告等方面，精心归纳了实务界可能比较关注的 100 个问题，并组织专家进行讲解和回复，实现这个册子的答疑解惑功能。二是高度提炼，方便查阅。我们采取小册子的方式来进行展示，最主要的目的就是便于携带及查阅。每一个问题都采取自问自答的方式，高度提炼重点与难点，尽量将讲解篇幅控制在 800 字左右，方便读者携带及查阅。三是实践反馈，针对性强。我们在撰写这本小册子时，广泛征求了行政事业单位会计实务工作者的意见，收到了来自会计、财务、审计实践工作的大量有益选题。在这些选题的基础上，我们经过加工、整理，最终形成了一套针对性强的行政事业单位会计核算说明书。我们最终将这本小册子定名为《政府会计实务 100 问》。

本书由张琦和潘晓波编著，参与编写的人员还有王芳、谭艳艳、胡其和严丽娜。本书的编者团队主要由中南财经政法大学政府会计研究所的专职研究员构成。其中，张琦教授为全国先进会计工作者、全国会计领军人才（学术类），兼任中国会计学会政府及非营利组织会计专业委员会副主任委员、国际公共部门会计准则理事会（IPSASB）咨询顾问委员（CAG）和财政部政府会计准则委员会咨询专家，入选财政部人才库、财政部会计名家培养工程。潘晓波副教授担任财政部政府会计准则委员会咨询专家，参与研究起草了政府会计制度、政府合并财务报告，以及国有自然资源资产、文物文化资产等多项政府会计准则制度。王芳教授曾担任财政部政府会计准则委员会咨询专家，参与研究起草了政府会计基本准则、政府保障性住房会计准则等多项政府会计准则制度。谭艳艳副教授长年从事政府会计研究，研究起草了政府负债会计准则。本书的绝大部分编者都具备参与政府会计准则、制度的研究起草经验。这些常年活跃于政府会计教学、科研岗位上的中青年学者具备丰富的理论知识和政策研究经验，既能够通俗讲解政府会计准则制度的条款，也能够以标准设计者的视角分析制度背后的逻辑，帮助读者更好地理解政府会计准则制度的条款。

欢迎读者在阅读本书时，继续向我们反馈政府会计准则制度实施过程中仍旧存在的重难点问题，我们会在未来修订本书时一并进行补充完善。

张琦

2023 年 6 月于中南财经政法大学

目录

一、商业汇票

二、往来款项

三、存货

四、待摊费用与预提费用

五、投资

六、固定资产

七、项目建设

八、无形资产

九、资产盘盈盘亏报废毁损

十、借款

十一、增值税

十二、专用基金

十三、无偿调拨

十四、资金调入、调出、上缴、缴回

十五、收入

十六、购货退回

十七、公务卡

十八、双系统、双基础

十九、其他

一、商业汇票

政府会计实务 100 问之第 1 问：
单位将未到期的商业汇票向银行贴现时
如何进行账务处理

单位将未到期的商业汇票向银行贴现时，财务会计区分商业汇票是否具有追索权进行核算，预算会计对纳入部门预算管理的现金收支进行核算。

一、财务会计核算

持未到期的商业汇票向银行贴现时，按照实际收到的金额，借记"银行存款"科目；按照贴现利息金额，借记"经营费用"等科目。对于无追索权的商业汇票，按照票面金额，贷记"应收票据"科目；对于附追索权的商业汇票，按照票面金额，贷记"短期借款"科目。附追索权的商业汇票到期时，未发生追索事项的，按照商业汇票的票面金额，借记"短期借款"科目，贷记"应收票据"科目。

二、预算会计核算

持未到期的商业汇票向银行贴现时，按照实际收到的金额，借记"资金结存——货币资金"科目，贷记"经营预算收入"等科目。附追索权的商业汇票到期时，未发生追索事项的，不涉及纳入部门预算管理的现金收支，预算会计不做账务处理。

例1-1

某事业单位20×9年4月因经营活动收到一张不带息、票面金额为20 000元的商业汇票，期限为6个月，该商业汇票无追索权。7月，事业单位将该商业汇票向银行贴现，贴现期为3个月，年贴现率为3%。（一年按360天计算）

7月将商业汇票向银行贴现时。

贴现利息金额=20 000×3%×（3×30÷360）=150（元）。

贴现净额=20 000-150=19 850（元）。

财务会计账务处理如下。

借：银行存款		19 850
经营费用		150
贷：应收票据		20 000

预算会计账务处理如下。

借：资金结存——货币资金   19 850
  贷：经营预算收入   19 850

例1-2

  某事业单位20×9年5月因经营活动收到一张不带息、票面金额为20 000元的商业汇票，期限为6个月，该商业汇票附追索权。8月，事业单位将该商业汇票向银行贴现，贴现期为3个月，年贴现率为4%。11月，该商业汇票到期时未发生追索事项。（一年按360天计算）

（1）8月将商业汇票向银行贴现时。

贴现利息金额=20 000×4%×（3×30÷360）=200（元）。

贴现净额=20 000-200=19 800（元）。

财务会计账务处理如下。

借：银行存款   19 800
  经营费用   200
  贷：短期借款   20 000

预算会计账务处理如下。

借：资金结存——货币资金   19 800
  贷：经营预算收入   19 800

（2）11月商业汇票到期时未发生追索事项。

财务会计账务处理如下。

借：短期借款   20 000
  贷：应收票据   20 000

由于不涉及纳入部门预算管理的现金收支，预算会计不做账务处理。

政府会计实务 100 问之第 2 问：
单位如何对到期的商业汇票进行账务处理

事业单位因销售产品、提供服务等收到商业汇票时，应当设置"应收票据备查簿"，逐笔登记每一应收票据的种类、号数、出票日期、到期日、票面金额、交易合同号，付款人、承兑人、背书人姓名或单位名称，背书转让日、贴现日期、贴现率和贴现净额、收款日期、收回金额和退票情况等。应收票据到期结清票款或退票后，应当在备查簿内逐笔注销。对于到期的商业汇票，根据是否能收回票款进行不同的账务处理。

一、到期能收回票款

单位到期收回票款时，财务会计和预算会计在实际收到款项时进行核算。

单位收回票款时，按照实际收到的商业汇票票面金额，借记"银行存款"科目，贷记"应收票据"科目；同时在预算会计中借记"资金结存——货币资金"科目，贷记"经营预算收入"等科目。

二、到期不能收回票款

单位到期不能收回票款时，财务会计应按照票面金额计入应收账款；由于未收到该部分资金，预算会计不做账务处理。

汇票到期付款人无力支付票款，单位收到银行退回的商业承兑汇票、委托收款凭证、未付票款通知书或拒付款证明等时，应按照商业汇票的票面金额，借记"应收账款"科目，贷记"应收票据"科目。

例2-1

某事业单位20×9年10月某商业汇票到期，票款20 000元，单位按期收到票款。

财务会计账务处理如下。

借：银行存款	20 000	
贷：应收票据		20 000

预算会计账务处理如下。

借：资金结存——货币资金	20 000	
贷：经营预算收入		20 000

例2-2

某事业单位20×9年12月某商业汇票到期，但付款人无力支付票款，该商业汇票不带息、票面金额为10 000元。

财务会计账务处理如下。

借：应收账款   10 000

  贷：应收票据   10 000

由于未收到款项，预算会计不做账务处理。

二、往来款项

政府会计实务 100 问之第 3 问：
坏账准备应该如何计提

按照《政府会计制度——行政事业单位会计科目和报表》（以下简称《政府会计制度》）规定，计提坏账准备时应注意以下几个方面。

第一，需要计提坏账准备的政府会计主体。《政府会计制度》规定，只有事业单位需要计提坏账准备，行政单位不需要计提坏账准备。

第二，计提坏账准备的对象。根据《政府会计制度》规定，事业单位应该计提坏账准备的对象包括两个：收回后不需上缴财政的应收账款以及其他应收款。

第三，计提坏账准备的时点。从操作时点上看，事业单位应该在每年年末进行坏账准备计提工作，对收回后不需上缴财政的应收账款和其他应收款进行全面检查，分析其可收回性，对预计可能产生的坏账损失计提坏账准备、确认坏账损失。

第四，计提坏账准备的方法。《政府会计制度》规定，事业单位计提坏账准备可以采用的方法包括应收款项余额百分比法、账龄分析法、个别认定法等。坏账准备计提方法一经确定，不得随意变更。如需变更，应当按照规定报经批准，并在财务报表附注中予以说明。在实际应用中，这三个方法可以根据具体情况组合使用。例如，单位可以首先对单项金额重大的应收账款（其他应收款）采用个别认定法，在年末对其单独进行减值测试，按照预计的减值金额确定期末应计提的坏账准备金额。对未达到个别认定法标准的应收款项（其他应收款），可以按照账龄区间进行分组，对不同账龄区间设置相应的坏账准备计提比例，采用余额百分比法，按各分组应收账款（其他应收款）合计余额计算期末应计提的坏账准备金额。这一方式下，单位需要设置合理的单项金额重大的标准，并在财务报表附注中对其进行披露。

第五，计提坏账准备的分录。《政府会计制度》规定了期末计提坏账准备的计算公式，公式原理是期末在坏账准备科目当期余额的基础上，将其余额调整为单位期末应计提的坏账准备金额。因此，在具体的会计期间期末，可能需要补提坏账准备（当坏账准备科目的当前余额小于应计提金额时），此时，会计分录借记"其他费用"科目，贷记"坏账准备"科目；也可能需要冲减坏账准备（当坏账准备科目的当前余额大于应计提金额时），此时，会计分录借记"坏账准备"科目，贷记"其他费用"科目。

第六，坏账准备科目的设置。《政府会计制度》规定，坏账准备科目应当分别按应收账款和其他应收款进行明细核算。因此，坏账准备科目下应该根据这一要求设置相应的明细科目。

政府会计实务 100 问之第 4 问：
事业单位对应收账款核销以及核销后又收回应如何核算

事业单位应当于每年年末，对应收账款进行全面检查，对于账龄超过规定年限、确认不能收回的应收账款，应按照规定报经批准后予以核销。事业单位应收账款分为收回后上缴财政和不需上缴财政两种。两种应收账款的核销及核销后又收回的账务处理存在差异。

一、收回后不需上缴财政的应收账款核销及核销后又收回的账务处理

（1）对于账龄超过规定年限、确认无法收回的应收账款，按照规定报经批准后予以核销。财务会计中，按照核销金额，借记"坏账准备"科目，贷记"应收账款"科目。核销的应收账款应在备查簿中保留登记。由于此时不发生纳入部门预算管理的现金收支，预算会计不进行账务处理。

（2）已核销的应收账款在以后期间又收回的，财务会计中，按照实际收回金额，借记"应收账款"科目，贷记"坏账准备"科目；同时，借记"银行存款"等科目，贷记"应收账款"科目。预算会计中，按照实际收回的金额，借记"资金结存"科目，贷记"非财政拨款结余"等科目。

例4-1

20×8年年末，某事业单位对应收账款进行全面检查发现，有50万元不需上缴财政的应收账款因债务单位破产无法收回，按照规定报经批准予以核销。（单位：万元）

（1）财务会计账务处理如下。

借：坏账准备   50
 贷：应收账款   50

（2）此时不涉及纳入预算管理的现金收支，预算会计不进行账务处理。

例4-2

20×8年，某事业单位收回以前年度已核销的不需上缴财政的应收账款10万元，对方单位将款项转入单位银行账户。（单位：万元）

（1）财务会计账务处理如下。

借：应收账款   10

  贷：坏账准备   10

同时：

借：银行存款   10

  贷：应收账款   10

（2）预算会计账务处理如下。

借：资金结存——货币资金   10

  贷：非财政拨款结余   10

二、收回后需上缴财政的应收账款核销及核销后又收回的账务处理

（1）对于账龄超过规定年限、确认无法收回的应收账款，按照规定报经批准后予以核销。财务会计中，按照核销金额，借记"应缴财政款"科目，贷记"应收账款"科目。核销的应收账款应当在备查簿中保留登记。由于此时不发生纳入部门预算管理的现金收支，预算会计不进行账务处理。

（2）已核销的应收账款在以后期间又收回的，财务会计中，按照实际收回金额，借记"银行存款"等科目，贷记"应缴财政款"科目。由于应收账款收回后需要上缴财政，收回资金不纳入单位预算收入，预算会计不进行账务处理。

例 4-3

  20×8年年末，某事业单位对应收账款进行全面检查发现，有一项10万元收回后需上缴财政的应收账款确认无法收回，按照规定报经批准后予以核销。（单位：万元）

（1）财务会计账务处理如下。

借：应缴财政款   10

  贷：应收账款   10

（2）此时不涉及纳入单位预算管理的现金收支，预算会计不进行账务处理。

例 4-4

  接【例4-3】，事业单位在20×9年收回20×8年已核销的需上缴财政的应收账款10万元。（单位：万元）

（1）财务会计账务处理如下。

借：银行存款   10

  贷：应缴财政款   10

（2）由于收回的款项需上缴财政，不纳入单位预算管理，预算会计不进行账务处理。

政府会计实务 100 问之第 5 问：
单位发生预付账款退回如何进行核算

单位发生预付账款退回时，财务会计和预算会计核算都需要注意区分是当年预付账款退回还是以前年度预付账款退回，并进行相应的账务处理。

一、财务会计核算

发生预付账款退回的，按照实际退回金额，借记"财政拨款收入"（本年直接支付）、"财政应返还额度"（以前年度直接支付）、"零余额账户用款额度""银行存款"等科目，贷记"预付账款"科目。

二、预算会计核算

发生预付账款退回时，属于当年预付账款退回的，借记"财政拨款预算收入""资金结存"等科目，贷记"行政支出""事业支出"等科目；属于以前年度预付账款退回的，借记"资金结存"科目，贷记"财政拨款结余——年初余额调整""财政拨款结转——年初余额调整"等科目。

例5-1

某事业单位4月收到本年2月预付账款的退款8 000元，该款项采用财政直接支付方式支付，同时也收到上年度12月预付账款退款9 000元，该款项采用财政直接支付方式支付，属于上年度财政拨款专项资金，该项目剩余资金已转入财政拨款结转。

（1）收到2月预付账款退回。

财务会计账务处理如下。

借：财政拨款收入   8 000

  贷：预付账款   8 000

预算会计账务处理如下。

借：财政拨款预算收入   8 000

  贷：事业支出   8 000

（2）收到上年度12月预付账款退回。

财务会计账务处理如下。

借：财政应返还额度　　　　　　　　　　　　　9 000

　　贷：预付账款　　　　　　　　　　　　　　　　9 000

预算会计账务处理如下。

借：资金结存——财政应返还额度　　　　　　　9 000

　　贷：财政拨款结转——年初余额调整　　　　　　9 000

政府会计实务 100 问之第 6 问：
单位对应付账款相关业务如何进行账务处理

单位应付账款指因购买物资、接受服务、开展工程建设等而应付的偿还期限在 1 年以内（含 1 年）的款项，财务会计中通过"应付账款"科目核算，预算会计中对纳入部门预算管理的现金收支进行账务处理。单位应付账款相关业务主要包括发生应付账款、支付应付账款、开出或承兑商业汇票抵付应付账款，以及应付账款核销。

一、发生应付账款

财务会计中，收到所购材料、物资、设备或服务以及确认完成工程进度但尚未付款时，根据发票及账单等有关凭证，按照应付未付款项的金额，借记"库存物品""固定资产""在建工程"等科目，贷记"应付账款"科目。涉及增值税业务的，相关账务处理还需要通过"应交增值税"科目核算。

由于不涉及纳入部门预算管理的现金收支，预算会计不进行账务处理。

二、支付应付账款

财务会计中，按照实际支付的金额，借记"应付账款"科目，贷记"财政拨款收入""零余额账户用款额度""银行存款"等科目。

预算会计中，按照实际支付的金额，借记"行政支出""事业支出"等科目，贷记"财政拨款预算收入""资金结存"等科目。

三、开出或承兑商业汇票抵付应付账款

财务会计中，根据开出或承兑商业汇票的金额，借记"应付账款"科目，贷记"应付票据"科目。

由于不涉及纳入部门预算管理的现金收支，预算会计不进行账务处理。

四、应付账款核销

无法偿付或债权人豁免偿还的应付账款，应当按照规定报经批准后进行账务处理。经批准核销时，财务会计中，借记"应付账款"科目，贷记"其他收入"科目。

由于不涉及纳入部门预算管理的现金收支，预算会计不进行账务处理。

例6-1

5月5日，某事业单位购入一批专业业务活动使用的物资，价款为 100 000元，物资已入库，购货款尚未支付。8月9日，单位用银行存款支付购货款80 000元，并开出20 000元商业承兑汇票。

（1）5月5日。

财务会计账务处理如下。

借：库存物品   100 000
  贷：应付账款   100 000

此过程未发生现金收支，单位不进行预算会计账务处理。

（2）8月9日。

财务会计账务处理如下。

借：应付账款   100 000
  贷：银行存款   80 000
    应付票据   20 000

预算会计账务处理如下。

借：事业支出   80 000
  贷：资金结存——货币资金   80 000

例6-2

7月21日，事业单位一项应付账款的债权人通知单位此项应付账款豁免偿还，应付账款金额50 000元，单位按照规定报经批准核销后进行账务处理。

财务会计账务处理如下。

借：应付账款   50 000
  贷：其他收入   50 000

此业务未发生现金收支，单位不进行预算会计账务处理。

政府会计实务 100 问之第 7 问：
单位对预收账款相关业务如何进行账务处理

单位预收账款是指预先收取但尚未结算的款项，财务会计中通过"预收账款"科目核算，预算会计中对纳入部门预算管理的现金收支进行账务处理。单位预收账款相关业务主要包括收到预收账款、确认预收账款有关的收入以及预收账款核销。

一、收到预收账款

财务会计中，从付款方预收款项时，按照实际预收的金额，借记"银行存款"等科目，贷记"预收账款"科目。

预算会计中，按照实际收到的金额，借记"资金结存——货币资金"科目，贷记"事业预算收入""经营预算收入"等科目。

二、确认预收账款有关的收入

财务会计中，确认有关收入时，按照预收账款账面余额，借记"预收账款"科目；按照应确认的收入金额，贷记"事业收入""经营收入"等科目；按照付款方补付或退回付款方的金额，借记或贷记"银行存款"等科目。涉及增值税业务的，相关账务处理还需要通过"应交增值税"科目核算。

预算会计中，按照付款方补付或退回付款方的金额，借记或贷记"资金结存——货币资金"科目，贷记或借记"事业预算收入""经营预算收入"等科目。

三、预收账款核销

无法偿付或债权人豁免偿还的预收账款，应当按照规定报经批准后进行账务处理。经批准核销时，财务会计中，按照核销金额，借记"预收账款"科目，贷记"其他收入"科目。核销的预收账款应在备查簿中保留登记。

由于不涉及纳入部门预算管理的现金收支，预算会计不进行账务处理。

例7-1

某事业单位2月开展专业业务活动，签订销售库存物品合同并预收货款5 000元，4月完成销售，收到对方补付款15 000元。

（1）2月收到预收账款时。

财务会计账务处理如下。

借：银行存款   5 000

  贷：预收账款   5 000

预算会计账务处理如下。

借：资金结存——货币资金 5 000

  贷：事业预算收入   5 000

（2）4月完成销售收到补付款时。

财务会计账务处理如下。

借：银行存款   15 000

  预收账款   5 000

  贷：事业收入   20 000

预算会计账务处理如下。

借：资金结存——货币资金 15 000

  贷：事业预算收入   15 000

政府会计实务 100 问之第 8 问：

行政单位如何对其他应收款的核销以及后续收回进行账务处理

行政单位应于每年年末对其他应收款进行全面检查，对超过规定年限、确认无法收回的其他应收款，应当按照有关规定报经批准后予以核销。核销的其他应收款应在备查簿中保留登记。

财务会计主要在批准核销，以及后续收回时进行核算；预算会计主要在后续收回时进行核算。

一、财务会计核算

对于超过规定年限、确认无法收回的其他应收款，应当按照有关规定报经批准后予以核销。按照核销金额，借记"资产处置费用"科目，贷记"其他应收款"科目。核销的其他应收款应当在备查簿中保留登记。

已核销的其他应收款在以后期间又收回的，按照收回金额，借记"银行存款"等科目，贷记"其他收入"科目。

二、预算会计核算

报经批准核销时，预算会计不做账务处理；后续收回时，按照实际收回金额，借记"资金结存"科目，贷记"其他预算收入"科目。

 例8-1

20×8年年末，某行政单位对其他应收款进行全面检查，发现其他应收账款中有2 000元无法收回，报经批准后准予核销。20×9年3月，该笔其他应收款收回，款项存入银行。

（1）报经批准准予核销时。

财务会计账务处理如下。

借：资产处置费用   2 000

　　贷：其他应收款   2 000

预算会计不做账务处理。

（2）已核销其他应收款收回时。

财务会计账务处理如下。

借：银行存款   2 000
  贷：其他收入   2 000
预算会计账务处理如下。
借：资金结存——货币资金   2 000
  贷：其他预算收入   2 000

政府会计实务 100 问之第 9 问：
事业单位如何对其他应收款的核销以及后续收回进行账务处理

　　事业单位应当于每年年末对其他应收款进行全面检查，如发生不能收回的迹象，应当计提坏账准备。对于账龄超过规定年限、确认无法收回的其他应收款，按照规定报经批准后予以核销。核销的其他应收款应当在备查簿中保留登记。在对其他应收款的核销以及后续收回进行账务处理时，要考虑相应坏账准备的处理。

　　财务会计主要在批准核销，以及后续收回时进行核算；预算会计主要在后续收回时进行核算。

一、财务会计核算

　　对于账龄超过规定年限、确认无法收回的其他应收款，按照规定报经批准后予以核销。按照核销金额，借记"坏账准备"科目，贷记"其他应收款"科目。核销的其他应收款应当在备查簿中保留登记。

　　已核销的其他应收款在以后期间又收回的，按照实际收回金额，借记"其他应收款"科目，贷记"坏账准备"科目；同时，借记"银行存款"等科目，贷记"其他应收款"科目。

二、预算会计核算

　　报经批准核销时，预算会计不做账务处理；后续收回时，按照实际收回金额，借记"资金结存"科目，贷记"其他预算收入"科目。

例9-1

　　20×8年年末，某事业单位对其他应收款进行全面检查，发现其他应收款中有2 000元无法收回，报经批准后准予核销。20×9年2月，该笔其他应收款收回，款项存入银行。

　　（1）报经批准准予核销时。

　　财务会计账务处理如下。

借：坏账准备　　　　　　　　　　　　　　　2 000
　　贷：其他应收款　　　　　　　　　　　　　2 000

预算会计不做账务处理。

（2）已核销其他应收款收回时。

财务会计账务处理如下。

借：其他应收款   2 000

  贷：坏账准备   2 000

借：银行存款   2 000

  贷：其他应收款   2 000

预算会计账务处理如下。

借：资金结存——货币资金   2 000

  贷：其他预算收入   2 000

三、存货

政府会计实务 100 问之第 10 问：
存货初始计量应注意哪些问题

存货是指政府会计主体在开展业务活动及其他活动中为耗用或出售而储存的资产，如材料、产品、包装物和低值易耗品等，以及未达到固定资产标准的用具、装具、动植物等。在实务工作中要注意将存货与政府储备物资进行区分。从物质形态看，政府会计主体占有、使用的存货与其控制的政府储备物资具有一定相似性，但政府储备物资是政府会计主体为满足实施国家安全与发展战略、进行抗灾救灾、应对公共突发事件等特定公共需求而控制的物资，其规模和种类反映政府应对各类突发事件、维护社会经济稳定、维持国家安全和部署发展战略等的能力，其功能与政府会计主体在开展日常性活动中为耗用或出售而储存的存货具有本质区别。此外，政府收储土地也不属于存货。

存货在取得时应当按照成本进行初始计量，但存货成本的构成，因不同的取得方式而有所不同，在实务工作中需要根据存货取得方式具体确定。在存货的取得过程中，并非所有支出或耗费都计入存货成本，如非正常消耗的直接材料、直接人工和间接费用，以及非生产过程中必需的仓储费用等应当在发生时计入当期费用。另外，按照名义金额入账的存货，相关税费、运输费等也应计入当期费用。

对于名义金额的使用应当严格遵守准则规定。根据《政府会计准则第 1 号——存货》准则，只有政府会计主体接受捐赠的存货在没有相关凭据且未经资产评估、同类或类似资产的市场价格也无法可靠取得时，才按照名义金额进行计量，并需要在报表附注中披露以名义金额计量的存货名称、数量，以及以名义金额计量的理由。

政府会计主体置换取得的存货，其成本在换出资产评估价值的基础上，加上支付的补价或减去收到的补价，并加上为换入存货发生的其他相关支出。这一规定是和现行国有资产管理要求一致的。《行政事业性国有资产管理条例》（中华人民共和国国务院令第 738 号）规定，行政事业单位置换国有资产时，应当按照国家有关规定对相关资产进行评估。

对于政府会计主体无偿调入的存货，其成本按照调出方账面价值加上相关税费、运输费等确定。这要求单位在实务中与调出方做好沟通，取得调入存货在调出方的账面价值。

政府会计实务 100 问之第 11 问：
单位如何对取得的自制物品进行账务处理

单位在取得自制物品的过程中发生材料耗费、人工费用、其他直接费用和间接费用等，通过"加工物品——自制物品"科目核算，主要账务处理包括：

单位为自制物品领用材料，按照材料成本，借记"加工物品——自制物品（直接材料）"科目，贷记"库存物品"科目；

专门从事物品制造的人员的直接人工费用，按照实际发生金额，借记"加工物品——自制物品（直接人工）"科目，贷记"应付职工薪酬"科目；

发生与自制物品相关的其他直接费用时，按照实际发生金额，借记"加工物品——自制物品（其他直接费用）"科目，贷记"零余额账户用款额度""银行存款"等科目；

发生自制物品的间接费用时，按照实际发生的金额，借记"加工物品——自制物品（间接费用）"科目，贷记"零余额账户用款额度""银行存款""应付职工薪酬""固定资产累计折旧""无形资产累计摊销"等科目；

自制物品完成制造过程并验收入库时，单位按照发生的实际成本（包括耗用的直接材料费用、直接人工费用、其他直接费用和分配的间接费用），借记"库存物品"科目，贷记"加工物品——自制物品"科目。

例11-1

某事业单位为自制物品领用库存材料，该材料的成本为 500 000 元，在制造过程中发生直接人工费用 200 000 元，以银行存款支付其他直接费用 30 000 元，发生与自制该物品相关的设备折旧费（间接费用）20 000 元。

（1）领用库存材料。

借：加工物品——自制物品（直接材料）　　500 000

　　贷：库存物品　　　　　　　　　　　　　　　500 000

（2）发生直接人工费用。

借：加工物品——自制物品（直接人工）　　200 000

　　贷：应付职工薪酬　　　　　　　　　　　　　200 000

（3）发生其他直接费用。

借：加工物品——自制物品（其他直接费用）30 000

　　贷：银行存款　　　　　　　　　　　　　　　30 000

（4）发生设备折旧费用。

借：加工物品——自制物品（间接费用）　　20 000

　　贷：固定资产累计折旧　　　　　　　　　　　20 000

（5）自制物品完工并验收入库。

借：库存物品　　　　　　　　　　　　　750 000

　　贷：加工物品——自制物品（直接材料）　500 000

　　　　　　——自制物品（直接人工）　　200 000

　　　　　　——自制物品（其他直接费用）30 000

　　　　　　——自制物品（间接费用）　　 20 000

政府会计实务 100 问之第 12 问：
单位如何对取得的委托加工物品进行账务处理

委托加工物品的成本包括委托外单位加工的材料、支付的加工费和运输费等，一般不发生人工费用、固定资产折旧等。单位在取得时通过"加工物品——委托加工物品"科目核算，主要账务处理包括：

单位发给外单位加工的材料等，按照其实际成本，借记"加工物品——委托加工物品"科目，贷记"库存物品"科目；

单位支付加工费、运输费等费用，按照实际支付的金额，借记"加工物品——委托加工物品"科目，贷记"零余额账户用款额度""银行存款"等科目；

单位将委托加工完成的物品验收入库，按照加工前发出材料的成本和加工、运输成本等，借记"库存物品"等科目，贷记"加工物品——委托加工物品"科目。

例12-1

某事业单位委托外单位加工物品，需加工的物品成本为 600 000元，以银行存款支付运输费 10 000元、加工费 200 000元，物品加工完成后事业单位验收入库。

（1）事业单位发出待加工材料。

借：加工物品——委托加工物品　　　　　　600 000
　　贷：库存物品　　　　　　　　　　　　　　600 000

（2）事业单位支付材料运费。

借：加工物品——委托加工物品　　　　　　 10 000
　　贷：银行存款　　　　　　　　　　　　　　 10 000

（3）事业单位向外单位支付物品加工费

借：加工物品——委托加工物品　　　　　　200 000
　　贷：银行存款　　　　　　　　　　　　　　200 000

（4）事业单位将委托加工的物品验收入库。

借：库存物品　　　　　　　　　　　　　　810 000
　　贷：加工物品——委托加工物品　　　　　　810 000

政府会计实务 100 问之第 13 问：
单位领用库存物品如何进行核算

库存物品是指单位在开展业务活动及其他活动中为耗用或出售而储存的各种材料、产品、包装物、低值易耗品，以及达不到固定资产标准的用具、装具、动植物等，包括已完成的测绘、地质勘查、设计成果等，不包括单位随买随用的零星办公用品、控制的政府储备物资、受托存储保管的物资和受托转赠的物资，以及为在建工程购买和使用的材料物资。

单位开展业务活动等领用库存物品时，财务会计中，按照领用发出库存物品的实际成本，根据业务活动性质，借记"业务活动费用""单位管理费用""经营费用"等科目，贷记"库存物品"科目。

采用一次转销法摊销低值易耗品、包装物的，在首次领用时将其账面余额一次性摊销计入有关成本费用，根据业务活动性质，借记"业务活动费用""单位管理费用""经营费用"等科目，贷记"库存物品"科目。

采用五五摊销法摊销低值易耗品、包装物的，首次领用时，将其账面余额的50%摊销计入有关成本费用，根据业务活动性质，借记"业务活动费用""单位管理费用""经营费用"等科目，贷记"库存物品"科目；使用完时，将剩余的账面余额转销计入有关成本费用，借记有关科目，贷记"库存物品"科目。

领用库存物品由于不涉及纳入单位预算管理的现金收支，预算会计不进行账务处理。

 例13-1

某事业单位为开展经营活动领用库存物品，领用物品的账面余额为1 500元。

（1）财务会计账务处理如下。

借：经营费用　　　　　　　　　　　　1 500
　　贷：库存物品　　　　　　　　　　　　　1 500

（2）由于不涉及纳入单位预算管理的现金收支，预算会计不进行账务处理。

例13-2

某事业单位领用开展专业业务活动的包装物，领用的包装物账面余额为2 000元。单位对包装物采用五五摊销法进行摊销。

（1）领用时。

财务会计账务处理如下。

借：业务活动费用　　　　　　　　　　　1 000
　　贷：库存物品　　　　　　　　　　　　　　1 000

由于不涉及纳入单位预算管理的现金收支，预算会计不进行账务处理。

（2）包装物使用完时。

财务会计账务处理如下。

借：业务活动费用　　　　　　　　　　　1 000
　　贷：库存物品　　　　　　　　　　　　　　1 000

由于不涉及纳入单位预算管理的现金收支，预算会计不进行账务处理。

政府会计实务 100 问之第 14 问：
单位出售库存物品如何进行核算

　　单位出售库存物品分为两种情况：第一种是按照规定自主出售库存物品，这种情况下，按照出售库存物品的账面余额，计入相关成本费用科目；第二种是除第一种情况外，经批准对外出售库存物品，按照出售库存物品的账面余额，计入资产处置费用。

一、单位按照规定自主出售库存物品

　　财务会计中，按照发出库存物品的实际成本，借记"业务活动费用""经营费用"等科目，贷记"库存物品"科目；按照实际收到或应收的金额，借记"银行存款""应收账款"等科目；销售收入按规定纳入单位预算管理时，贷记"事业收入""经营收入"等科目；销售收入按规定应上缴财政时，贷记"应缴财政款"科目。

　　预算会计中，销售收入按规定纳入单位预算管理时，按实际收到的金额，借记"资金结存"科目，贷记"事业预算收入""经营预算收入"等科目；销售收入按规定应上缴财政时，不涉及纳入部门预算管理的现金收支，预算会计不进行账务处理。

二、单位经批准对外出售库存物品（不含可自主出售的库存物品）

　　财务会计中，按照发出库存物品的账面余额，借记"资产处置费用"科目，贷记"库存物品"科目。同时，按照收到的价款，借记"银行存款"等科目；按照处置过程中发生的相关费用，贷记"银行存款"等科目；按照其差额，贷记"应缴财政款"科目。

　　预算会计中，资产处置净收入应上缴财政，不涉及纳入部门预算管理的现金收支，预算会计不进行账务处理。

　　例14-1

　　某事业单位为开展专业业务活动自主销售库存物品，销售的库存物品的账面余额为4 000元，银行账户收到销售价款4 300元，按规定销售收入纳入单位预算管理。

（1）财务会计账务处理如下。

借：业务活动费用	4 000	
贷：库存物品		4 000
借：银行存款	4 300	
贷：事业收入		4 300

（2）预算会计账务处理如下。

借：资金结存	4 300	
贷：事业预算收入		4 300

例14-2

　　某单位经批准对外出售一批低值易耗品，该批低值易耗品的账面余额为10 000元，出售价款为12 000元，款项已收到。单位以银行存款支付因出售发生的相关税费200元。物资出售净收入需要上缴财政。

（1）财务会计账务处理如下。

借：资产处置费用	10 000	
贷：库存物品		10 000
借：银行存款	12 000	
贷：银行存款		200
应缴财政款		11 800

（2）预算会计中，资产处置净收入11 800元应上缴财政，不涉及纳入部门预算管理的现金收支，预算会计不进行账务处理。

政府会计实务 100 问之第 15 问：
单位采用预付款形式购买存货时如何进行核算

单位采用预付款形式购买存货时，财务会计核算内容主要包括按照合同或协议规定预付款项以及后续收到存货、补付金额等，预算会计主要对纳入部门预算管理的现金流出进行核算。

一、财务会计核算

（一）预付相关款项

根据购货合同或协议规定预付款项时，按照预付金额，借记"预付账款"科目，贷记"财政拨款收入""零余额账户用款额度""银行存款"等科目。

（二）收到所购存货

收到所购存货时，按照购入存货的成本，借记"库存物品"科目；按照相关预付账款的账面余额，贷记"预付账款"科目；按照实际补付的金额，贷记"财政拨款收入""零余额账户用款额度""银行存款"等科目。如涉及增值税业务的，相关账务处理还需要通过"应交增值税"科目核算。

二、预算会计核算

按照合同或协议规定预付款项以及后续补付款项时，借记"行政支出""事业支出"等科目，贷记"财政拨款预算收入""资金结存"等科目。

例15-1

某事业单位4月3日向某公司购买一批货物，签订购买合同并以财政直接支付方式支付预付账款5 000元。4月10日货物验收合格入库，并以财政授权方式支付剩余价款15 000元。此业务不涉及增值税。

（1）4月3日支付预付款5 000元。

财务会计账务处理如下。

借：预付账款		5 000
贷：财政拨款收入		5 000

预算会计账务处理如下。

借：事业支出　　　　　　　　　　　　5 000

　　贷：财政拨款预算收入　　　　　　　　5 000

（2）4月10日货物验收合格入库并支付余款15 000元。

财务会计账务处理如下。

借：库存物品　　　　　　　　　　　　20 000

　　贷：预付账款　　　　　　　　　　　　5 000

　　　零余额账户用款额度　　　　　　　15 000

预算会计账务处理如下。

借：事业支出　　　　　　　　　　　　15 000

　　贷：资金结存——零余额账户用款额度　15 000

四、待摊费用与预提费用

政府会计实务 100 问之第 16 问：
"待摊费用"和"预提费用"科目如何使用

《政府会计制度》在财务会计中引入了"待摊费用"和"预提费用"科目（原行政事业单位会计制度中仅《医院会计制度》使用了这两个科目）。

一、"待摊费用"科目

"待摊费用"科目是资产类科目，核算单位已经支付，但应当由本期和以后各期分别负担的分摊期在 1 年以内（含 1 年）的各项费用，如预付航空保险费、预付租金等。待摊费用应当在其受益期限内分期平均摊销，如预付航空保险费应在保险期的有效期内、预付租金应在租赁期内分期平均摊销，计入当期费用。简单来说，"待摊费用"科目适用于单位先支付后发生费用的情形。单位需要在支付时点和后续实际发生费用的会计期间编制会计分录。单位在支付时，根据实际支付的金额，借记"待摊费用"科目，贷记"银行存款""零余额账户用款额度"等科目；在后续实际发生费用的各会计期间期末，按照当期应确认的费用金额，借记费用类科目，贷记"待摊费用"科目。

例16-1

单位在第一年年末一次性支付下一年宽带费用1 200元，在这一时点，按1 200元，借记"待摊费用"科目，贷记"银行存款""零余额账户用款额度"等科目。到下一年单位每月实际使用宽带服务时，应确认当月发生费用100元，借记相关费用类科目，贷记"待摊费用"科目。

二、"预提费用"科目

"预提费用"科目是负债类科目，核算单位预先提取的已经发生但尚未支付的费用，如预提租金费用等。简单来说，"预提费用"科目适用于单位先计提费用后支付的情形。单位需要在发生费用的各会计期间和支付时点编制会计分录。单位在发生费用的会计期间期末，按照当期应确认的费用金额，借记费用类科目，贷记"预提费用"科目；在后续支付时点，根据实际支付的金额，借记"预提费用"科目，贷记"银行存款""零余额账户用款额度"等科目。

例16-2

单位采用租金后付方式租用办公场所一年，合同约定每月租金5 000元，租金在合同期满时一次性支付。单位在租赁期内的每个月末，虽然没有实际支付租金，但按照权责发生制应当计提当月租金费用5 000元，借记相关费用类科目，贷记"预提费用"科目。到合同期满一次性支付一年的租金时，按照支付的总金额，借记"预提费用"科目，贷记"银行存款""零余额账户用款额度"等科目。

政府会计实务 100 问之第 17 问：
单位如何对长期待摊费用进行核算

　　长期待摊费用是单位已经支出，但应由本期和以后各期负担的分摊期限在 1 年以上（不含 1 年）的各项费用，例如，以经营租赁方式租入的固定资产发生的改良支出等。长期待摊费用核算主要包括长期待摊费用的发生及其摊销。

　　（1）单位发生长期待摊费用时，会引起单位（纳入预算管理）的现金支出，因此，需要在财务会计和预算会计中进行平行记账。

　　在财务会计中，单位应按照支出金额，借记"长期待摊费用"科目，贷记"财政拨款收入""零余额账户用款额度""银行存款"等科目。在预算会计中，单位应按照支出的金额和用途，借记"行政支出""事业支出"等科目，贷记"财政拨款预算收入""资金结存"科目。

　　（2）单位按照受益期间摊销长期待摊费用时，不涉及现金收支，因此，无须在预算会计中核算，仅需在财务会计中核算。

　　在财务会计中，应按当期摊销的金额确认当期费用。但如果某项长期待摊费用已经不能使单位受益，应当将其摊余金额一次全部转入当期费用。单位应按当期摊销的金额或全部转为当期费用的摊余金额，借记"业务活动费用""单位管理费用""经营费用"等科目，贷记"长期待摊费用"科目。

 例17-1

　　某医院以经营租赁方式租入一台医疗设备，在租赁期某年度医院为该设备发生改良支出50 000元，该设备改良完工后的剩余使用年限为5年。

　　（1）医院发生改良支出时。

　　财务会计账务处理如下。

　　借：长期待摊费用　　　　　　　　　　　　50 000
　　　　贷：财政拨款收入/银行存款/零余额账户用款额度等

　　　　　　　　　　　　　　　　　　　　　　50 000

　　预算会计账务处理如下。

　　借：事业支出　　　　　　　　　　　　　　50 000
　　　　贷：财政拨款预算收入/资金结存　　　　50 000

（2）改良完工后按剩余使用年限在相应会计年度进行摊销，医院每年应摊销的改良费用为10 000元（50 000÷5）。

财务会计的账务处理如下。

借：业务活动费用   10 000

  贷：长期待摊费用   10 000

医院在摊销改良费用时没有发生现金流出，因此不需要进行预算会计核算。

五、投资

政府会计实务 100 问之第 18 问：
如何用权益法核算长期股权投资

事业单位在持有长期股权投资期间，通常应当采用权益法进行核算。但是，如果事业单位无权决定被投资单位的财务和经营政策或无权参与被投资单位的财务和经营政策决策的，应当采用成本法进行核算。

权益法下，长期股权投资在取得时以投资成本计量，以后根据政府会计主体在被投资单位所享有的所有者权益份额的变动对投资的账面余额进行调整。按照权益法，在长期股权投资持有期间，当被投资单位实现净利润、发生净亏损、宣告分派现金股利或利润，以及发生了除净损益和利润分配以外的所有者权益变动时，应当调整长期股权投资的账面余额，借记或贷记"长期股权投资——损益调整"或"长期股权投资——其他权益变动"科目。调整业务的账务处理如下。

（1）被投资单位实现净利润的，按照应享有的份额，调增长期股权投资的账面余额，并确认投资收益，借记"长期股权投资——损益调整"科目，贷记"投资收益"科目。

（2）被投资单位发生净亏损的，按照应分担的份额，调减长期股权投资的账面余额，并确认投资损失，借记"投资收益"科目，贷记"长期股权投资——损益调整"科目。需要注意的是，此时应以长期股权投资的账面余额减记至零为限。如果发生亏损的被投资单位以后年度又实现净利润的，待按照收益分享额弥补之前未确认的亏损分担额等后，再开始确认投资收益，借记"长期股权投资——损益调整"科目，贷记"投资收益"科目。

（3）被投资单位宣告分派现金股利或利润的，按照应享有的份额，确认应收股利，并同时调减长期股权投资的账面余额，借记"应收股利"科目，贷记"长期股权投资——损益调整"科目。

（4）被投资单位发生除净损益和利润分配以外的所有者权益变动的，按照应享有或应分担的份额，调增或调减长期股权投资的账面余额，并直接通过"权益法调整"科目来核算净资产的变动，借记或贷记"权益法调整"科目，贷记或借记"长期股权投资——其他权益变动"科目。

"权益法调整"是净资产类科目，专门用以核算长期股权投资采用权益法核算时，按照被投资单位除净损益和利润分配以外的所有者权益变动份额调整长期股权投资账面余额而计入净资产的金额。需要注意的是，在处置采用权益法核算的长期股权投资时，被处置的投资存在因被投资单位除净损益和利润分配以外的所有者权益变动而将应享有的份额计入净资产的，在按规定冲减长期股权投资的账面余额后，还应结转原直接计入"权益法调整"科目的相关金额，借记或贷记"权益法调整"科目，贷记或借记"投资收益"科目。

政府会计实务 100 问之第 19 问：
事业单位取得的投资如何在预算会计中进行核算

　　事业单位取得的投资是指事业单位按规定以货币资金、实物资产、无形资产等方式形成的债权或股权投资，包括短期投资和长期投资。事业单位需要对投资的取得、持有和处置的相关业务进行核算。本文对相关业务在预算会计中的核算进行梳理。

一、取得投资时的核算

　　（1）当事业单位以货币资金对外投资时，应按照投资金额和所支付的相关税费金额的合计数，借记"投资支出"科目，贷记"资金结存"科目。

　　（2）当事业单位以其他资产取得投资或接受捐赠及无偿调入投资时，应按支付的相关税费，借记"其他支出"科目，贷记"资金结存"科目。

二、持有投资期间的核算

　　（1）事业单位收到购买债券投资时已到付息期但尚未领取的利息，或收到取得长期股权投资所支付价款中包含已宣告但尚未发放的股利或利润时，应冲减投资支出，借记"资金结存"科目，贷记"投资支出"等科目。

　　（2）当事业单位因持有投资而收到利息或现金股利（利润）时，应确认投资收益，按照实际收到的金额，借记"资金结存"科目，贷记"投资预算收益"科目。

三、处置投资时的核算

　　事业单位处置投资时，被处置投资的取得方式（是否以货币资金取得）、取得时间（是否本年取得），以及按规定投资收益是否上缴财政等都会对账务处理产生影响。

（一）出售、对外转让或到期收回以货币资金取得的投资

　　（1）如果投资收益纳入单位预算管理，则应按实际收到的金额，借记"资金结存"科目；同时依据被处置资产的取得时间，按照收回的取得投资时的投资支出部分，贷记"投资支出"科目（本年取得）或"其他结余"科目（以前年度取得）；并按实际收到的金额扣除取得投资时的投资支出后的差额确

认为投资收益，借记或贷记"投资预算收益"科目。

（2）如果按规定应将投资收益上缴财政，则投资收益不纳入单位预算管理，预算会计不进行核算，仅按收到金额中为取得投资时的投资支出部分，借记"资金结存"科目；同时根据被处置资产的取得时间，贷记"投资支出"科目（本年取得）或"其他结余"科目（以前年度取得）。

（二）处置以货币资金以外的其他资产取得的股权投资

单位应按照实际取得的价款扣减支付的相关费用和应缴财政款以后的余额（按照规定纳入单位预算管理的），借记"资金结存"科目，贷记"投资预算收益"科目。

政府会计实务 100 问之第 20 问：
处置以不同方式取得的长期股权投资的财务会计账务处理有什么不同

根据《政府会计制度》，按照规定报经批准出售（转让）长期股权投资时，处置以现金取得的长期股权投资和处置以现金以外的其他资产取得的长期股权投资的账务处理不同。政府会计制度的这一规定，体现了政府会计制度和行政事业单位国有资产管理制度的协调性。如《中央行政事业单位国有资产处置管理办法》（财资〔2021〕127号）第三十三条规定，中央事业单位利用国有资产对外投资形成的股权（权益）的处置收入，应当区分利用货币资金对外投资形成的股权（权益）利用科技成果和其他国有资产对外投资形成的股权（权益）进行不同处理。

因此，结合事业单位长期股权投资处置的管理规定和实践，《政府会计制度》规定如下。

（1）处置以货币资金取得的长期股权投资时，将实际收到的价款扣除长期股权投资账面余额、尚未领取的现金股利或利润以及支付的相关税费后的差额确认为投资收益。财务会计具体分录如下。

借：银行存款（实际取得价款）

投资收益（借差）

贷：长期股权投资（账面余额）

应收股利（尚未领取的现金股利或利润）

银行存款等（支付的相关税费）

投资收益（贷差）

例20-1

20×9年，某事业单位对外转让一项股权投资（该投资系20×6年以银行存款出资取得），实际收到价款100万元，该长期股权投资账面余额为60万元，尚未领取现金股利10万元，用银行存款支付相关税费3万元。

财务会计账务处理如下。（单位：万元）

借：银行存款 100

贷：长期股权投资 60

应收股利	10
银行存款	3
投资收益	27

（2）处置以货币资金以外的其他资产取得的长期股权投资时，实行"收支两条线"，一方面将处置的长期股权投资的账面余额计入资产处置费用，另一方面需要区分将处置净收入上缴财政或将投资收益纳入单位预算管理两种情况进行账务处理。

① 处置净收入上缴财政的，将处置的长期股权投资的账面余额计入资产处置费用，并将实际收到的价款扣除尚未领取的现金股利或利润以及支付的相关税费后的净收入确认为应缴财政款。财务会计具体分录如下。

借：资产处置费用
　　贷：长期股权投资（账面余额）
借：银行存款（实际取得价款）
　　贷：应收股利（尚未领取的现金股利或利润）
　　　　银行存款等（支付的相关税费）
　　　　应缴财政款（贷差）

例20-2

20×9年，某事业单位对外转让一项股权投资（该投资系20×6年以设备出资取得），实际收到价款100万元，该长期股权投资账面余额为60万元，尚未领取现金股利10万元，用银行存款支付相关税费3万元。按照规定，该股权投资的处置净收入应上缴财政。

财务会计账务处理如下。（单位：万元）

借：资产处置费用	60
贷：长期股权投资	60
借：银行存款	100
贷：应收股利	10
银行存款	3
应缴财政款	87

② 投资收益纳入单位预算管理的，将处置的长期股权投资的账面余额计入资产处置费用，并将实际收到的价款扣除长期股权投资的账面余额、尚未领取的现金股利或利润以及支付的相关税费后的差额确认为单位的投资收益，分录贷差（即为长期股权投资的账面余额）确认为应缴财政款。财务会计具体分录如下。

借：资产处置费用
　　贷：长期股权投资（账面余额）
借：银行存款（实际取得价款）
　　贷：应收股利（尚未领取的现金股利或利润）
　　　　银行存款等（支付的相关税费）
　　　　投资收益（取得价款扣减投资账面余额、应收股利
　　　　和相关税费后的差额）
　　　　应缴财政款（贷差）

例20-3

20×9年，某事业单位对外转让一项股权投资（该投资系20×6年以设备出资取得），实际收到价款100万元，该长期股权投资账面余额为60万元，尚未领取现金股利10万元，用银行存款支付相关税费3万元。按照规定，该单位将投资收益纳入单位预算管理。

财务会计账务处理如下。（单位：万元）

借：资产处置费用　　　　　　　　　　　　60
　　贷：长期股权投资　　　　　　　　　　　　60
借：银行存款　　　　　　　　　　　　　　100
　　贷：应收股利　　　　　　　　　　　　　　10
　　　　银行存款　　　　　　　　　　　　　　3
　　　　投资收益　　　　　　　　　　　　　　27
　　　　应缴财政款　　　　　　　　　　　　　60

政府会计实务 100 问之第 21 问:
事业单位取得短期投资及其利息应当如何进行账务处理

短期投资指事业单位按照规定取得的持有时间不超过 1 年(含 1 年)的投资。

一、取得短期投资的账务处理

取得短期投资时,财务会计中,应当将实际的成本(包含购买价款及相关税费等)作为初始投资成本,借记"短期投资"科目,贷记"银行存款"等科目;预算会计中,应当按照实际支出金额,借记"投资支出"科目,贷记"资金结存"科目。

二、取得短期投资利息的账务处理

取得短期投资利息的账务处理,需要按照利息归属的期间区分为两种情况:一是收到在取得短期投资时就已包含在实际支付价款中的已到付息期但尚未领取的利息,此时应该冲减投资成本;二是收到归属于持有期间的利息,此时应该确认为投资收益。

(一)收到投资时实际支付价款中包含的已到付息期但尚未领取的利息

财务会计按照实际收到的利息金额冲减短期投资成本,借记"银行存款"科目,贷记"短期投资"科目。预算会计按实际收到的利息金额冲减投资支出,借记"资金结存"科目,贷记"投资支出"科目。

(二)收到归属于持有期间的利息

财务会计按照实际收到的利息金额确认投资收益,借记"银行存款"科目,贷记"投资收益"科目;预算会计按照实际收到的利息金额确认投资预算收益,借记"资金结存"科目,贷记"投资预算收益"科目。

例21-1

20×9年1月1日,某事业单位购入将于一年到期的国债,国债面值100 000元,年利率为4%,每半年付息。单位实际支付价款102 000元,支付价款中包含已到期尚未领取的利息2 000元，款项以银行存款支付。1月3日，单位收到包含在投资支付价款中已到期尚未领取的利息2 000元。7月3日，单位收到20×9年上半年利息2 000元，按照规定将投资收益纳入单位预算管理。

（1）1月1日取得短期投资时。

财务会计账务处理如下。

借：短期投资　　　　　　　　　　　　　102 000
　　贷：银行存款　　　　　　　　　　　　　102 000

预算会计账务处理如下。

借：投资支出　　　　　　　　　　　　　102 000
　　贷：资金结存　　　　　　　　　　　　　102 000

（2）1月3日，收到包含在投资支付价款中已到期尚未领取的利息时。

财务会计账务处理如下。

借：银行存款　　　　　　　　　　　　　2 000
　　贷：短期投资　　　　　　　　　　　　　2 000

预算会计账务处理如下。

借：资金结存　　　　　　　　　　　　　2 000
　　贷：投资支出　　　　　　　　　　　　　2 000

（3）7月3日，收到20×9年上半年利息时。

财务会计账务处理如下。

借：银行存款　　　　　　　　　　　　　2 000
　　贷：投资收益　　　　　　　　　　　　　2 000

预算会计账务处理如下。

借：资金结存　　　　　　　　　　　　　2 000
　　贷：投资预算收益　　　　　　　　　　　2 000

政府会计实务 100 问之第 22 问：
出售或到期收回短期投资时如何进行账务处理

出售或到期收回短期投资时，账务处理需要注意的是预算会计核算要考虑短期投资的取得时间。

财务会计中，按照实际收到的金额，借记"银行存款"科目，按照出售或收回短期投资的账面余额，贷记"短期投资"科目；按照其差额，借记或贷记"投资收益"科目。

预算会计中，如果是出售或到期收回本年度取得的短期投资，按照实际收到的金额，借记"资金结存"科目；按照初始投资成本，贷记"投资支出"科目；按照其差额，借记或贷记"投资预算收益"科目。如果是出售或到期收回以前年度取得的短期投资，按照实际收到的金额，借记"资金结存"科目；按照初始投资成本，贷记"其他结余"科目；按照其差额，借记或贷记"投资预算收益"科目。

例22-1

20×9年3月，某事业单位取得面值为100 000元的一年期国债，年利率为4%，到期一次还本付息，以银行存款支付购买价款100 000元。第二年3月，国债到期，该事业单位取得本息104 000元，按照规定将投资收益纳入单位预算管理。

到期收回投资时。

财务会计账务处理如下。

借：银行存款   104 000
 贷：短期投资   100 000
   投资收益   4 000

预算会计账务处理如下。

借：资金结存   104 000
 贷：其他结余   100 000
   投资预算收益   4 000

例22-2

20×9年1月，某事业单位取得面值为100 000元的短期国债，年利率为4%，到期一次还本付息，以银行存款支付购买价款101 000元。20×9

年9月，国债到期，该事业单位取得本息104 000元，按照规定将投资收益纳入单位预算管理。

到期收回投资时。

财务会计账务处理如下。

借：银行存款   104 000

  贷：短期投资   101 000

    投资收益   3 000

预算会计账务处理如下。

借：资金结存   104 000

  贷：投资支出   101 000

    投资预算收益   3 000

政府会计实务 100 问之第 23 问：
取得长期债券投资时如何进行账务处理

长期债券投资是指事业单位按照规定取得的，持有时间超过 1 年（不含 1 年）的债券投资。取得长期债券投资时，财务会计主要核算取得时的实际成本，预算会计对发生的纳入单位预算管理的现金支出进行账务处理。

一、财务会计核算

事业单位在取得长期债券投资时，应当将实际成本作为投资成本。实际支付价款中包含的已到付息期但尚未领取的债券利息，应当单独确认为应收利息，不计入长期债券投资的初始投资成本。取得的长期债券投资，按照确定的投资成本，借记"长期债券投资——成本"科目；按照支付的价款中包含的已到付息期但尚未领取的利息，借记"应收利息"科目；按照实际支付的金额，贷记"银行存款"等科目。

二、预算会计核算

取得长期债券投资时，预算会计按照实际支付的金额，借记"投资支出"科目，贷记"资金结存——货币资金"科目。

例23-1

某事业单位20×9年7月1日用银行存款购买5年期的国债，支付价款105 000元，年利率为5%，其中包含已到付息期但尚未领取的利息5 000元。

财务会计账务处理如下。

借：长期债券投资——成本 100 000
　　应收利息 5 000
　　　贷：银行存款 105 000

预算会计账务处理如下。

借：投资支出 105 000
　　　贷：资金结存——货币资金 105 000

政府会计实务 100 问之第 24 问：
长期债券投资持有期间如何进行账务处理

长期债券投资持有期间的业务主要包括计提和收到持有期间的利息，以及收到取得债券时所支付价款中包含的已到付息期但尚未领取的利息。

一、财务会计核算

长期债券投资持有期间，按期以债券票面金额与票面利率计算确认利息收入时，如为到期一次还本付息的债券投资，借记"长期债券投资——应计利息"科目，贷记"投资收益"科目；如为分期付息、到期一次还本的债券投资，借记"应收利息"科目，贷记"投资收益"科目。

收到分期支付的利息时，按照实际收到的金额，借记"银行存款"等科目，贷记"应收利息"科目。

收到取得债券时所支付价款中包含的已到付息期但尚未领取的利息时，借记"银行存款"科目，贷记"应收利息"科目。

二、预算会计核算

持有长期债券投资期间，按期以债券票面金额与票面利率计算确认利息收入时，没有现金流入，不需要进行预算会计处理；实际收到利息时，按照实际收到的金额，借记"资金结存——货币资金"科目，贷记"投资预算收益"科目。

收到取得债券时所支付价款中包含的已到付息期但尚未领取的利息时，借记"资金结存——货币资金"科目，贷记"投资支出"等科目。

例24-1

某事业单位20×9年7月1日用银行存款购买2年期的国债，支付价款120 000元，年利率为5%，每个季度支付一次利息。9月30日，收到本年第三季度利息1 500元。

（1）7月末、8月末、9月末分别计提利息时。

财务会计账务处理如下。

借：应收利息　　　　　　　　　　　　　　500
　　贷：投资收益　　　　　　　　　　　　　　500

预算会计不做账务处理。

（2）9月30日收到本年第三季度利息时。

财务会计账务处理如下。

借：银行存款   1 500

    贷：应收利息   1 500

预算会计账务处理如下。

借：资金结存——货币资金   1 500

    贷：投资预算收益   1 500

例24-2

    某事业单位收到本年购买的长期债券投资在取得债券时所支付价款中包含的已到付息期但尚未领取的利息5 000元。

财务会计账务处理如下。

借：银行存款   5 000

    贷：应收利息   5 000

预算会计账务处理如下。

借：资金结存——货币资金   5 000

    贷：投资支出   5 000

政府会计实务 100 问之第 25 问:
处置长期债券投资如何进行账务处理

政府会计主体按规定出售或到期收回长期债券投资时, 财务会计应当将实际收到的价款扣除长期债券投资账面余额和应收利息后的差额计入投资损益, 预算会计应当将实际收到的价款扣除投资成本后的差额确认为投资预算收益。

一、财务会计核算

到期收回长期债券投资, 按照实际收到的金额, 借记"银行存款"科目; 按照长期债券投资的账面余额, 贷记"长期债券投资"科目; 按照相关应收利息金额, 贷记"应收利息"科目; 按照其差额, 贷记"投资收益"科目。

对外出售长期债券投资, 按照实际收到的金额, 借记"银行存款"科目; 按照长期债券投资的账面余额, 贷记"长期债券投资"科目; 按照已记入"应收利息"科目但尚未收取的金额, 贷记"应收利息"科目; 按照其差额, 贷记或借记"投资收益"科目。涉及增值税业务的, 还要通过"应交增值税"科目进行相关账务处理。

二、预算会计核算

处置长期债券投资时, 按照实际收到的金额, 借记"资金结存——货币资金"科目; 按照长期债券的投资成本, 贷记"投资支出"科目(处置的长期债券投资为本年购入)或"其他结余"科目(处置的长期债券投资为以前年度购入); 按照其差额, 借记或贷记"投资预算收益"科目。

例25-1

某事业单位出售上一年取得的未到期长期债券投资, 该长期债券投资成本为200 000元, 出售时尚未领取利息6 000元, 出售实际收到价款207 000元。

财务会计账务处理如下。

借: 银行存款 207 000
　　贷: 长期债券投资 200 000
　　　应收利息 6 000
　　　投资收益 1 000

预算会计账务处理如下。

借：资金结存——货币资金　　　　　　207 000
　　贷：其他结余　　　　　　　　　　200 000
　　　　投资预算收益　　　　　　　　　7 000

政府会计实务 100 问之第 26 问：
处置以科技成果转化形成的长期股权投资，取得收入纳入单位预算时应如何核算

事业单位处置以科技成果转化形成的长期股权投资时，财务会计应当将实际收到的价款扣除长期股权投资账面余额、应收股利和相关税费后的差额计入投资损益。预算会计则对纳入单位预算管理的现金流入进行账务处理。

一、财务会计核算

财务会计中，应当按照实际取得的价款，借记"银行存款"等科目；按照被处置长期股权投资的账面余额，贷记"长期股权投资"科目；按照尚未领取的现金股利或利润，贷记"应收股利"科目；按照发生的相关税费等支出，贷记"银行存款"等科目；按照借贷方差额，借记或贷记"投资收益"科目。

二、预算会计核算

预算会计中，应当按照实际取得的价款，借记"资金结存——货币资金"科目；按照处置时确认的投资收益金额，贷记"投资预算收益"科目；按照贷方差额，贷记"其他预算收入"科目。

例26-1

某事业单位处置以科技成果转化形成的长期股权投资，所取得的收入全部留归单位。该长期股权投资成本为150 000元，处置时尚未领取的现金股利为5 000元，实际收到价款160 000元。

财务会计账务处理如下。

借：银行存款	160 000	
贷：长期股权投资		150 000
应收股利		5 000
投资收益		5 000

预算会计账务处理如下。

借：资金结存——货币资金	160 000	
贷：其他预算收入		155 000
投资预算收益		5 000

政府会计实务 100 问之第 27 问：
事业单位按规定将长期股权投资持有期间取得的
投资收益上缴财政的，如何进行账务处理（一）

　　事业单位按规定需将长期股权投资持有期间取得的投资收益上缴本级财政的，根据长期股权投资核算方式的不同进行不同的账务处理。下面主要对采用成本法核算的长期股权投资在持有期间取得的投资收益需上缴财政的情况进行说明。

　　长期股权投资采用成本法核算的，财务会计主要在被投资单位宣告发放现金股利或利润、收到现金股利或利润，以及将取得的现金股利或利润上缴财政时进行核算，由于该部分收益上缴财政，预算会计不做账务处理。

　　被投资单位宣告发放现金股利或利润时，事业单位按照应收的金额，借记"应收股利"科目，贷记"投资收益"科目。

　　收到现金股利或利润时，借记"银行存款"等科目，贷记"应缴财政款"科目；同时按照此前确定的应收股利金额，借记"投资收益"科目或"累计盈余"科目（此前确认的投资收益已经结转的），贷记"应收股利"科目。

　　将取得的现金股利或利润上缴财政时，借记"应缴财政款"科目，贷记"银行存款"等科目。

 例27-1

　　某事业单位20×9年1月取得一项长期股权投资，单位采用成本法核算。6月，被投资单位宣告发放现金股利5 000元，7月收到该笔现金股利。根据有关规定，该项长期股权投资取得的投资收益需上缴财政，8月单位将该笔现金股利上缴财政。

　　（1）6月宣告发放现金股利。

　　财务会计账务处理如下。

　　借：应收股利　　　　　　　　　　　　　　　　5 000

　　　　贷：投资收益　　　　　　　　　　　　　　　　　5 000

　　（2）7月实际收到现金股利。

　　财务会计账务处理如下。

　　借：银行存款　　　　　　　　　　　　　　　　5 000

　　　　贷：应缴财政款　　　　　　　　　　　　　　　　5 000

借：投资收益   5 000

    贷：应收股利   5 000

（3）8月上缴财政。

财务会计账务处理如下。

借：应缴财政款   5 000

    贷：银行存款   5 000

由于该部分收益上缴财政，预算会计均不做账务处理。

政府会计实务 100 问之第 28 问：
事业单位按规定将长期股权投资持有期间取得的投资收益上缴财政的，如何进行账务处理（二）

事业单位按规定需将长期股权投资持有期间取得的投资收益上缴本级财政的，根据长期股权投资核算方式的不同进行不同的账务处理。下面主要对采用权益法核算的长期股权投资在持有期间取得的投资收益需上缴财政的情况进行说明。

长期股权投资采用权益法核算的，财务会计主要在被投资单位实现净利润、被投资单位宣告发放现金股利或利润、收到现金股利或利润，以及将取得的现金股利或利润上缴财政时进行核算，由于该部分收益上缴财政，预算会计不做账务处理。

被投资单位实现净利润的，按照应享有的份额，借记"长期股权投资——损益调整"科目，贷记"投资收益"科目。

被投资单位宣告发放现金股利或利润时，单位按照应享有的份额，借记"应收股利"科目，贷记"长期股权投资——损益调整"科目。

收到现金股利或利润时，按照实际收到的金额，借记"银行存款"等科目，贷记"应缴财政款"科目；同时按照此前确定的应收股利金额，借记"投资收益"科目或"累计盈余"科目（此前确认的投资收益已经结转的），贷记"应收股利"科目。

将取得的现金股利或利润上缴财政时，按照实际上缴金额，借记"应缴财政款"科目，贷记"银行存款"等科目。

例28-1

某事业单位20×9年1月取得一项长期股权投资，持有被投资单位60%的股权，采用权益法核算。12月31日，被投资单位实现净利润8 000万元。下一年度3月，被投资单位宣告发放现金股利100万元，4月收到现金股利。根据有关规定，该项长期股权投资取得的投资收益需上缴财政，5月单位将该笔现金股利上缴财政。

（1）12月31日被投资单位实现净利润。

财务会计账务处理如下。

借：长期股权投资——损益调整　　　　48 000 000
　　贷：投资收益　　　　　　　　　　　　　48 000 000

（2）下年度3月宣告发放现金股利。

财务会计账务处理如下。

借：应收股利　　　　　　　　　600 000
　　贷：长期股权投资——损益调整　　　600 000

（3）下年度4月收到现金股利。

财务会计账务处理如下。

借：银行存款　　　　　　　　600 000
　　贷：应缴财政款　　　　　　　　600 000
借：累计盈余　　　　　　　　600 000
　　贷：应收股利　　　　　　　　600 000

（4）下年度5月上缴财政。

财务会计账务处理如下。

借：应缴财政款　　　　　　　600 000
　　贷：银行存款　　　　　　　　600 000

由于该部分收益上缴财政，预算会计均不做账务处理。

六、固定资产

政府会计实务 100 问之第 29 问：
为什么政府会计准则应用指南规定的固定资产折旧开始和结束时间与企业会计准则不同

《〈政府会计准则第 3 号——固定资产〉应用指南》规定了固定资产计提折旧的开始和结束时间，即：当月增加的固定资产，当月开始计提折旧；当月减少的固定资产，当月不再计提折旧。这一规定与现行企业会计准则的规定不同。现行企业会计准则的相关规定是基于改革开放前相关财务制度规定而形成的惯例的延续，即按照原财务制度规定，国有企业应当对企业固定资产采用综合折旧率，并按照月初固定资产的原值乘以综合折旧率计算当期应计提的折旧额。由此，折旧的计提必须建立在固定资产月初原值的基础上。由于当月增加的固定资产的原值未包含在月初固定资产的原值中，故当月增加的固定资产当月不计提折旧；而当月减少的固定资产的原值仍包括在月初固定资产的原值中，故当月减少的固定资产当月照提折旧。企业会计准则的这一规定与其无形资产摊销的开始与结束时点规定是不一致的（其规定当月增加的无形资产当月开始摊销，当月减少的无形资产当月不摊销）。这也为学术界和实务界带来了困惑。在制定政府会计固定资产具体准则的应用指南时，考虑到信息技术已普遍应用于单位会计核算系统，各单位能够采用更为精准的方式（如个别折旧率等）计提折旧，再采用综合折旧率和月初固定资产原值计提折旧的方法已不能反映各项固定资产的消耗方式，也会使得单位进行成本核算时的折旧成本不能完整反映各项固定资产因使用而产生的耗费。

从固定资产计提折旧的基础看，当月增加的固定资产其实际已经存在，具有了计提折旧的资产基础；当月减少的固定资产，由于固定资产已经处置（出售、调拨、毁损等），处置固定资产时已将相应的固定资产账面价值全部转销，计提折旧的固定资产已不存在，计提折旧的基础也不存在。因此，当月增加的固定资产，当月开始计提折旧；当月减少的固定资产，当月不再计提折旧，与固定资产计提折旧的基础一致。

此轮政府会计改革根据会计工作的最新制度背景和技术环境，对固定资产折旧的开始和结束时点进行了规定，这一规定与企业会计准则不同，但更符合当前会计工作的实际，与无形资产摊销开始和结束时点保持一致，从而更便于理解和实施。

政府会计实务 100 问之第 30 问：
单位购入固定资产如何进行核算

对于单位购入固定资产业务，财务会计核算主要包括确定购入固定资产的成本、扣留和支付质量保证金的处理等，预算会计主要对发生的纳入部门预算管理的现金流出进行核算。

一、财务会计核算

《政府会计准则第 3 号——固定资产》规定，政府会计主体外购的固定资产，其成本包括购买价款、相关税费以及固定资产交付使用前所发生的可归属于该项资产的运输费、装卸费、安装费和专业人员服务费等。以一笔款项购入多项没有单独标价的固定资产，应当按照各项固定资产同类或类似资产市场价格的比例对总成本进行分配，分别确定各项固定资产的成本。

《政府会计制度》对外购固定资产，根据是否需要安装、是否扣留质量保证金等情况进行不同处理，具体账务处理如下。

（1）购入不需安装的固定资产验收合格时，按照确定的固定资产成本，借记"固定资产"科目，贷记"财政拨款收入""零余额账户用款额度""应付账款""银行存款"等科目。

（2）购入需要安装的固定资产，在安装完毕交付使用前通过"在建工程"科目核算，安装完毕交付使用时再转入"固定资产"科目。

（3）购入固定资产扣留质量保证金的，应当在取得固定资产时，按照确定的固定资产成本，借记"固定资产"科目（不需安装）或"在建工程"科目（需要安装）；按照实际支付或应付的金额，贷记"财政拨款收入""零余额账户用款额度""应付账款"（不含质量保证金）、"银行存款"等科目；按照扣留的质量保证金数额，贷记"其他应付款"科目[扣留期在 1 年以内（含1 年）]或"长期应付款"科目（扣留期超过 1 年）。

质保期满支付质量保证金时，借记"其他应付款""长期应付款"科目，贷记"财政拨款收入""零余额账户用款额度""银行存款"等科目。

二、预算会计核算

在购入固定资产过程中，发生的纳入部门预算管理的现金流出需要进行预算会计核算，预算会计按照购买固定资产实际支付的金额，借记"行政支出""事业支出""经营支出"等科目,贷记"财政拨款预算收入""资金结存"等科目。

例30-1

某事业单位用银行存款购买需要安装的固定资产,购买价款100 000元,扣留质量保证金10 000元(扣留期为1年),支付运费5 000元,6个月后安装完工交付使用,1年后支付质量保证金10 000元。

(1)购入需要安装的固定资产时。

财务会计账务处理如下。

借:在建工程	105 000
贷:银行存款	95 000
其他应付款	10 000

预算会计账务处理如下。

借:事业支出	95 000
贷:资金结存	95 000

(2)安装完工交付使用时。

财务会计账务处理如下。

借:固定资产	105 000
贷:在建工程	105 000

(3)质保期满支付质量保证金时。

财务会计账务处理如下。

借:其他应付款	10 000
贷:银行存款	10 000

预算会计账务处理如下。

借:事业支出	10 000
贷:资金结存	10 000

政府会计实务 100 问之第 31 问：
单位发生固定资产后续支出如何核算

　　固定资产后续支出，是指在固定资产使用过程中发生的更新改造支出、修理费用等。在财务会计中，对固定资产后续支出进行核算时，需要区分资本化支出和费用化支出：符合固定资产确认条件的，应当予以资本化，计入固定资产成本，如提升或扩展固定资产性能或使用年限的扩建、改良等支出；不符合固定资产确认条件的，应当予以费用化，在发生时计入当期费用，如日常修理维护等支出。在预算会计中，对纳入单位预算管理的固定资产后续支出需要进行核算。

一、财务会计核算

（一）符合固定资产确认条件的后续支出

　　通常情况下，为增加固定资产使用效能或延长其使用年限而发生的改建、扩建等后续支出，符合固定资产确认条件，应当予以资本化。

　　（1）先将固定资产转入改建、扩建状态，按照固定资产的账面价值，借记"在建工程"科目；按照固定资产已计提折旧，借记"固定资产累计折旧"科目；按照固定资产的账面余额，贷记"固定资产"科目。

　　（2）改建、扩建过程中发生相关支出时，按照实际支付金额，借记"在建工程"科目，贷记"财政拨款收入"零余额账户用款额度"银行存款"等科目。

　　（3）固定资产改建、扩建等完成交付使用时，按照在建工程成本，借记"固定资产"科目，贷记"在建工程"科目。

（二）不符合固定资产确认条件的后续支出

　　通常情况下，为保证固定资产正常使用而发生的日常修理维护等支出，不符合固定资产确认条件，应当予以费用化。

　　发生固定资产日常修理维护支出时，按照实际支付的金额，借记"业务活动费用""单位管理费用""经营费用"等科目，贷记"财政拨款收入""零余额账户用款额度""银行存款"等科目。

二、预算会计核算

　　发生纳入单位预算管理的固定资产后续支出时，在预算会计中需要进行核算，按照实际支付的金额，借记"行政支出""事业支出""经营支出"等科目，贷记"财政拨款预算收入""资金结存"等科目。

 例31-1

20×9年6月，某事业单位对原有的一项用于专业业务活动的固定资产进行更新改造，该固定资产原值为200万元，已计提折旧30万元。改造过程中用银行存款支付改造工程款25万元。该固定资产于20×9年8月改造完工。

财务会计账务处理如下。（单位：万元）

（1）固定资产转入改建状态。

借：在建工程	170	
固定资产累计折旧	30	
贷：固定资产		200

（2）支付改造工程款。

借：在建工程	25	
贷：银行存款		25

（3）改建完工。

借：固定资产	195	
贷：在建工程		195

预算会计账务处理如下。（单位：万元）

借：事业支出	25	
贷：资金结存——货币资金		25

 例31-2

接【例3-1】，20×9年9月，该事业单位对固定资产进行日常维护，使用财政直接支付方式支付维护费用5万元。

财务会计账务处理如下。（单位：万元）

借：业务活动费用	5	
贷：财政拨款收入		5

预算会计账务处理如下。（单位：万元）

借：事业支出	5	
贷：财政拨款预算收入		5

政府会计实务 100 问之第 32 问：
单位置换换入固定资产如何核算

单位置换换入固定资产时，财务会计核算的内容主要包括：置换取得的固定资产成本的确定、收到补价情况下补价扣减其他相关支出后的净收入确认为应缴财政款，以及相关费用或收入的确定。预算会计主要对置换过程中发生的纳入单位预算管理的现金收支业务进行核算。

一、财务会计核算

根据《政府会计准则第 3 号——固定资产》，置换换入固定资产成本=换出资产的评估价值+支付的补价-收到的补价+其他相关支出。

对资产置换业务的处理，《政府会计制度》按照补价的情形分为三种情况：不存在补价、支付补价和收到补价。从账务处理方式看，不存在补价与支付补价的情形在置换过程中仅发生现金支出，不发生现金流入，其账务处理类似；收到补价的情形涉及现金流入，收到的补价可能大于或小于其他相关支出，需要根据不同的情形进行处理。

（一）不存在补价或支付补价

不存在补价或支付补价时，换入固定资产的成本按照换出资产的评估价值加上置换过程发生的总支出（包括支付的补价和为换入固定资产发生的其他相关支出）确定，借记"固定资产"科目；按照换出资产的账面余额，贷记相关资产科目（换出资产为固定资产、无形资产的，还应当借记"固定资产累计折旧""无形资产累计摊销"科目）；按照置换过程中发生的总支出（包括支付的补价和其他相关支出），贷记"银行存款"等科目；并按照借贷方差额，借记"资产处置费用"科目或贷记"其他收入"科目。

（二）收到补价

收到补价的，换入固定资产成本按照换出资产的评估价值减去收到的补价，加上为换入固定资产发生的其他相关支出确定，借记"固定资产"科目；按照收到的补价，借记"银行存款"等科目；按照换出资产的账面余额，贷记相关资产科目（换出资产为固定资产、无形资产的，还应当借

政府会计实务 100 问

记"固定资产累计折旧""无形资产累计摊销"科目）；按照置换过程中发生的其他相关支出，贷记"银行存款"等科目；如果收到的补价大于其他相关支出的，按照补价扣减其他相关支出后的净收入，贷记"应缴财政款"科目；按照借贷方差额，借记"资产处置费用"科目或贷记"其他收入"科目。

二、预算会计核算

在不存在补价或支付补价时，预算会计将置换过程中支付的总支出（实际支付的补价和其他相关支出）确认为其他支出，借记"其他支出"科目，贷记"资金结存"科目。在收到补价时，如果单位支付的其他相关支出大于收到的补价，预算会计将其差额确认为其他支出，借记"其他支出"科目，贷记"资金结存"科目；如果单位收到的补价大于支付的其他相关支出，其差额（净收入）应上缴财政，不纳入单位预算收入，预算会计不进行核算。

例32-1

单位用无形资产置换换入固定资产，无形资产账面余额10万元，累计摊销3万元，无形资产的评估价值为8万元，支付补价1万元，发生其他相关支出1万元。（单位：万元）

财务会计账务处理如下。

借：固定资产	10（8+1+1）
无形资产累计摊销	3
贷：无形资产	10
银行存款	2
其他收入	1

预算会计账务处理如下。

借：其他支出	2
贷：资金结存	2

例32-2

单位用无形资产置换换入固定资产，无形资产账面余额10万元，累计摊销3万元，无形资产评估价值为5万元，收到补价2万元，发生其他相关支出1万元。（单位：万元）

财务会计账务处理如下。

借：固定资产	4（5-2+1）	
无形资产累计摊销	3	
银行存款	2	
资产处置费用	3	
贷：无形资产		10
银行存款		1
应缴财政款		1（2-1）

置换过程中发生现金净收入（收到的补价减去其他相关支出）1万元，应上缴财政，不纳入单位预算收入，预算会计不进行核算。

例32-3

单位用无形资产置换换入固定资产，无形资产账面余额10万元，累计摊销3万元，无形资产评估价值为5万元，收到补价2万元，发生其他相关支出3万元。（单位：万元）

财务会计账务处理如下。

借：固定资产	6（5-2+3）	
无形资产累计摊销	3	
资产处置费用	2	
银行存款	2	
贷：无形资产		10
银行存款		3

预算会计账务处理如下。

借：其他支出	1	
贷：资金结存		1

政府会计实务 100 问之第 33 问：
对外捐赠固定资产与无偿调出固定资产的账务处理有什么区别

单位报经批准对外捐赠固定资产，按照固定资产已计提的折旧，借记"固定资产累计折旧"科目，按照被处置固定资产账面余额，贷记"固定资产"科目，按照捐赠过程中发生的归属于捐出方的相关费用，贷记"银行存款"等科目，按照其差额，借记"资产处置费用"科目。

单位报经批准无偿调出固定资产，按照固定资产已计提的折旧，借记"固定资产累计折旧"科目，按照被处置固定资产账面余额，贷记"固定资产"科目，按照其差额，借记"无偿调拨净资产"科目；同时，按照无偿调出过程中发生的归属于调出方的相关费用，借记"资产处置费用"科目，贷记"银行存款"等科目。

对外捐赠固定资产和无偿调出固定资产的账务处理，相同之处是需要将固定资产账面原值及累计折旧金额冲销；不同之处是，对外捐赠时将捐赠的固定资产净值及捐赠过程中发生的归属于捐出方的相关费用都计入"资产处置费用"科目，而无偿调出时将调出的固定资产净值计入"无偿调拨净资产"科目，将调出过程中发生的归属于调出方的相关费用计入"资产处置费用"科目。

例33-1

20×9年7月2日，某高校报经批准，将因性能原因无法服务于教学的3台电脑对外捐赠，其账面余额18 000元，已计提折旧12 000元，捐赠过程中高校承担运输费100元，用银行存款支付；7月15日，高校报经批准无偿调出实验设备2台，其账面余额40 000元，已计提折旧24 000元，调出过程中高校承担运输费200元，用银行存款支付。

（1）对外捐赠业务

财务会计账务处理如下。

借：资产处置费用	6 100	
固定资产累计折旧	12 000	
贷：固定资产		18 000
银行存款		100

预算会计账务处理如下。

借：其他支出   100

  贷：资金结存——货币资金   100

（2）无偿调出业务

财务会计账务处理如下。

借：无偿调拨净资产   16 000

  固定资产累计折旧   24 000

  贷：固定资产   40 000

借：资产处置费用   200

  贷：银行存款   200

预算会计账务处理如下。

借：其他支出   200

  贷：资金结存——货币资金   200

政府会计实务 100 问之第 34 问：
单位如何对固定资产融资租赁业务进行核算

对于单位融资租赁取得的固定资产，财务会计核算内容包括融资租入固定资产的取得和定期支付租金，预算会计主要对固定资产融资租赁过程中发生的纳入单位预算管理的现金流出进行核算。

一、财务会计核算

《政府会计制度》规定，融资租赁取得的固定资产，其成本按照租赁协议或者合同确定的租赁价款、相关税费以及固定资产交付使用前所发生的可归属于该项资产的运费、途中保险费、安装调试费等确定。

融资租入的固定资产，按照确定的成本，借记"固定资产"科目（不需安装）或"在建工程"科目（需安装）；按照租赁协议或合同确定的租赁付款额，贷记"长期应付款"科目；按照支付的运输费、途中保险费、安装调试费等金额，贷记"财政拨款收入""零余额账户用款额度""银行存款"等科目。

定期支付租金时，按照实际支付金额，借记"长期应付款"科目，贷记"财政拨款收入""零余额账户用款额度""银行存款"等科目。

二、预算会计核算

在固定资产融资租赁过程中，发生的纳入部门预算管理的现金流出需要进行预算会计核算。在融资租赁取得固定资产时，预算会计按照实际支付相关税费、运输费、途中保险费、安装调试费等金额，借记"行政支出""事业支出""经营支出"等科目，贷记"财政拨款预算收入""资金结存"等科目。

定期支付租金时，按照实际支付金额，借记"行政支出""事业支出""经营支出"等科目，贷记"财政拨款预算收入""资金结存"等科目。

例34-1

某事业单位采用融资租赁方式租入一项不需要安装的固定资产，租赁价款为100 000元，合同约定每年以银行存款支付租金20 000元，连续支付5年。单位以银行存款支付运输保险等费用3 000元。该项固定资产在验收合格以后用于事业活动。

（1）融资租入固定资产时。

财务会计账务处理如下。

借：固定资产　　　　　　　　　　　103 000

　　贷：长期应付款　　　　　　　　　　100 000

　　　　银行存款　　　　　　　　　　　　3 000

预算会计账务处理如下。

借：事业支出　　　　　　　　　　　　3 000

　　贷：资金结存　　　　　　　　　　　　3 000

（2）定期支付租金时。

财务会计账务处理如下。

借：长期应付款　　　　　　　　　　20 000

　　贷：银行存款　　　　　　　　　　　20 000

预算会计账务处理如下。

借：事业支出　　　　　　　　　　　20 000

　　贷：资金结存　　　　　　　　　　　20 000

政府会计实务 100 问之第 35 问：
如何确定由有关部门统一管理，但由其他部门占有、使用的固定资产的会计确认主体

根据《政府会计准则制度解释第 1 号》相关规定，由有关部门统一管理，但由其他部门占用、使用的固定资产，应分以下三种不同情况确定其确认主体并进行相应的账务处理。

（1）由本级政府机关事务管理等部门统一管理，但由其他部门占有、使用的，应由占有、使用该资产的部门作为会计确认主体，对该资产进行会计核算。

如果相关部门未按上述规定对某项固定资产进行会计核算的，应按固定资产原有入账方式进行以下账务处理。

① 该项固定资产已经在其统一管理的部门入账。

负责资产统一管理的部门应当按照该项固定资产已经计提的折旧金额，借记"固定资产累计折旧"科目；按照该项固定资产的账面余额，贷记"固定资产"科目；按其差额，借记"累计盈余"科目。占有、使用该资产的部门应当按照该项固定资产在统一管理部门记录的账面余额，借记"固定资产"科目；按照该项资产在统一管理部门已经计提的折旧金额，贷记"固定资产累计折旧"科目；按其差额，贷记"累计盈余"科目。

② 固定资产尚未登记入账。

对于尚未入账的固定资产，应当由占有、使用该项资产的部门按照盘盈资产进行账务处理。

（2）由多个部门共同占用、使用同一项固定资产，且该项固定资产由本级政府机关事务管理等部门统一管理并负责后续维护、改造的，由本级政府机关事务管理等部门作为会计确认主体，对该项固定资产进行会计核算。

（3）同一部门内部所属单位共同占有、使用同一项固定资产，或者所属事业单位占有、使用部门本级拥有产权的固定资产的，按照本部门规定对固定资产进行会计核算。

例35-1

　　×省财政厅独占使用的办公楼，其产权归属本省机关事务管理局，省机关事务管理局统一管理省级部门办公楼。该办公楼在机关事务管理

局已入账核算，原值2 500 000元，已计提累计折旧1 000 000元。根据《政府会计准则制度解释第1号》规定，将办公楼入账单位调整为财政厅。

以下相关账务处理均不涉及纳入部门预算管理的现金收支，仅进行财务会计账务处理。

省机关事务管理局账务处理如下。

借：累计盈余   1 500 000
  固定资产累计折旧   1 000 000
  贷：固定资产   2 500 000

省财政厅账务处理如下。

借：固定资产   2 500 000
  贷：固定资产累计折旧   1 000 000
    累计盈余   1 500 000

七、项目建设

政府会计实务 100 问之第 36 问：
单位如何对工程物资进行核算

　　工程物资指单位为在建工程准备的各种物资，包括工程用材料、设备等，通过"工程物资"科目核算。"工程物资"科目可按照物资的类别进行明细核算，设置"库存材料""库存设备"等明细科目。

　　当单位购入为工程准备的物资时，财务会计中，按照确定的物资成本，借记"工程物资"科目，贷记"财政拨款收入""零余额账户用款额度""银行存款""应付账款"等科目；预算会计中，按照工程物资购买过程中实际支付的金额，借记"行政支出""事业支出""经营支出"等科目，贷记"财政拨款预算收入""资金结存"等科目。

　　当单位领用工程物资时，按照领用的物资成本，财务会计中，借记"在建工程"科目，贷记"工程物资"科目。工程完工后将领用的剩余物资退库时，财务会计中，借记"工程物资"科目，贷记"在建工程"科目。预算会计不进行账务处理。

　　当工程完工后，单位将剩余的工程物资转作本单位存货时，财务会计中，按照剩余工程物资的成本，借记"库存物品"科目，贷记"工程物资"科目。预算会计不进行账务处理。

　　"工程物资"科目期末借方余额，反映单位为在建工程准备的各种物资的成本。

　　预算会计不进行账务处理。

例36-1
　　20×9年2月2日，某事业单位为在建工程购入水泥等建筑材料100 000元，通过单位零余额账户支付款项；2月15日领用一批建筑材料，该批建筑材料的账面余额为80 000元；4月底工程完工，单位将剩余的建筑材料转作本单位的存货。

　　（1）购入建筑材料时。

　　财务会计账务处理如下。

　　借：工程物资　　　　　　　　　　　　　100 000
　　　　贷：零余额账户用款额度　　　　　　　　　100 000
　　预算会计账务处理如下。

借：事业支出　　　　　　　　　　　　　　　100 000
　　贷：资金结存——零余额账户用款额度　　　100 000
（2）领用建筑材料时。
财务会计账务处理如下。

借：在建工程　　　　　　　　　　　　　　　80 000
　　贷：工程物资　　　　　　　　　　　　　　80 000
领用过程未发生现金收支，因此，单位不做预算会计账务处理。
（3）将剩余建筑材料转作存货时。
财务会计账务处理如下。

借：库存物品　　　　　　　　　　　　　　　20 000
　　贷：工程物资　　　　　　　　　　　　　　20 000
此过程未发生现金收支，因此，单位不做预算会计账务处理。

政府会计实务 100 问之第 37 问：
单位如何对不能形成资产的基建投资支出进行账务处理（一）

　　单位发生的不能形成资产部分的基建投资支出应通过"在建工程——待核销基建支出"科目核算。根据待核销基建支出形成的途径，核算分为两种情况：①发生时就能确定不计入资产建设成本的支出，直接计入待核销基建支出；②发生时未计入待核销基建支出，后续建设项目过程中需要转入待核销基建支出。下面主要对发生时直接计入待核销基建支出的会计处理进行说明。

　　发生时就能确定不计入资产建设成本的基建投资支出主要是指建设项目中发生的江河清障、航道清淤、飞播造林、补助群众造林、水土保持、城市绿化等不能形成资产的支出。财务会计主要在实际发生支出以及建设项目竣工验收交付使用时进行核算，预算会计主要在实际发生支出时进行核算。

一、财务会计核算

　　发生各类待核销基建支出时，按照实际发生金额，借记"在建工程——待核销基建支出"科目，贷记"财政拨款收入""零余额账户用款额度""银行存款"等科目；建设项目竣工验收交付使用时，对发生的待核销基建支出进行冲销，借记"资产处置费用"科目，贷记"在建工程——待核销基建支出"科目。

二、预算会计核算

　　发生各类待核销基建支出时，按照实际支付的金额，借记"行政支出""事业支出"等科目，贷记"财政拨款预算收入""资金结存"等科目。

　　例37-1
　　某水务局20×9年1月因建设排水系统需要进行江河清障工作，实际发生支出50 000元，采用财政直接支付方式支付。7月排水系统建设竣工验收交付使用。
　　（1）1月进行江河清障工作。
　　财务会计账务处理如下。

借：在建工程——待核销基建支出　　　　　50 000
　　贷：财政拨款收入　　　　　　　　　　　　　50 000
预算会计账务处理如下。

借：行政支出　　　　　　　　　　　　　　50 000
　　贷：财政拨款预算收入　　　　　　　　　　　50 000

（2）7月建设项目竣工验收交付使用。

财务会计账务处理如下。

借：资产处置费用　　　　　　　　　　　　50 000
　　贷：在建工程——待核销基建支出　　　　　　50 000

由于此时不涉及纳入部门预算管理的现金收支，预算会计不做账务处理。

政府会计实务 100 问之第 38 问：
单位如何对不能形成资产的基建投资支出进行账务处理（二）

下面主要对发生时未计入待核销基建支出，后续建设项目过程中确认不能计入资产建设成本的账务处理进行说明。

发生时未计入待核销基建支出而后续建设项目过程中确认不能计入资产建设成本的支出主要是指取消的建设项目中发生的可行性研究费，以及由于自然灾害等原因发生的建设项目整体报废所形成的净损失等。

财务会计主要在转入待核销基建支出，以及报经批准将待核销基建支出冲销时进行核算，具体如下。

取消的建设项目中发生的可行性研究费，按照实际发生金额，借记"在建工程——待核销基建支出"科目，贷记"在建工程——待摊投资"科目。

由于自然灾害等原因发生的建设项目整体报废所形成的净损失，报经批准后转入待核销基建支出，按照项目整体报废所形成的净损失，借记"在建工程——待核销基建支出"科目；按照报废工程回收的残料变价收入、保险公司赔款等，借记"银行存款""其他应收款"等科目；按照报废的工程成本，贷记"在建工程——建筑安装工程投资"等科目。

报经批准将发生的待核销基建支出进行冲销时，借记"资产处置费用"科目，贷记"在建工程——待核销基建支出"科目。

预算会计对发生的纳入部门预算管理的现金收支进行核算。

例38-1

20×9年1月，某事业单位取消一项建设项目，该项目前期发生可行性研究费20 000元。

（1）建设项目取消。

财务会计账务处理如下。

借：在建工程——待核销基建支出　　　　　20 000
　　贷：在建工程——待摊投资　　　　　　　　20 000

由于不涉及纳入部门预算管理的现金收支，预算会计不做账务处理。

（2）报经批准后将待核销基建支出进行冲销。

财务会计账务处理如下。

借：资产处置费用 20 000

贷：在建工程——待核销基建支出 20 000

由于不涉及纳入部门预算管理的现金收支，预算会计不做账务处理。

政府会计实务 100 问之第 39 问：
建设项目实行代建制时，建设单位如何进行账务处理（一）

建设项目实行代建制的，建设单位应当要求代建单位通过工程结算或年终对账确认在建工程成本的方式，提供项目明细支出、建设工程进度和项目建设成本等资料，归集"在建工程"成本，及时核算所形成的"在建工程"资产，全面核算项目建设成本等情况。

建设项目实行代建制时，建设单位主要涉及以下业务的账务处理：①拨付代建单位工程款；②按照工程进度结算工程款或年终与代建单位对账确认在建工程成本；③确认代建管理费；④项目完工交付使用资产。

下面主要对拨付代建单位工程款，以及按照工程进度结算工程款或年终与代建单位对账确认在建工程成本的账务处理进行说明。

一、拨付代建单位工程款

拨付代建单位工程款时，财务会计中，按照拨付的款项金额，借记"预付账款——预付工程款"科目，贷记"财政拨款收入""零余额账户用款额度""银行存款"等科目；同时，在预算会计中，按照拨付的款项金额，借记"行政支出""事业支出"等科目，贷记"财政拨款预算收入""资金结存"科目。

二、按照工程进度结算工程款或年终与代建单位对账确认在建 工程成本

按照工程进度结算工程款或年终与代建单位对账确认在建工程成本时，财务会计中，按照确定的金额，借记"在建工程"科目下的"建筑安装工程投资"等明细科目，贷记"预付账款——预付工程款"等科目；预算会计不进行账务处理。

如果涉及补付资金的，应当在确认在建工程成本的同时，财务会计中，按照补付的金额，贷记"财政拨款收入""零余额账户用款额度""银行存款"等科目；同时，在预算会计中，按照补付的金额，借记"行政支出""事业支出"等科目，贷记"财政拨款预算收入""资金结存"科目。

例39-1

　　D高校某建设项目采用代建制。20×9年1月，根据合同规定，向代建单位支付合同价款的20%作为预付款，金额为400万元。4月收到代建单位的工程款结算单，其中确认建筑安装工程投资金额300万元，设备投资金额200万元，根据工程款结算单，补付金额100万元。款项均采用财政直接支付方式支付。

（1）1月预付工程款。

财务会计账务处理如下。（单位：万元）

借：预付账款——预付工程款　　　　　　　　400

　　贷：财政拨款收入　　　　　　　　　　　　　400

预算会计账务处理如下。（单位：万元）

借：事业支出　　　　　　　　　　　　　　　400

　　贷：财政拨款预算收入　　　　　　　　　　　400

（2）4月收到工程款结算单并补付资金。

财务会计账务处理如下。（单位：万元）

借：在建工程——建筑安装工程投资　　　　　300

　　　　　　　——设备投资　　　　　　　　　200

　　贷：预付账款——预付工程款　　　　　　　　400

　　　　财政拨款收入　　　　　　　　　　　　100

预算会计账务处理如下。（单位：万元）

借：事业支出　　　　　　　　　　　　　　　100

　　贷：财政拨款预算收入　　　　　　　　　　　100

政府会计实务 100 问之第 40 问：
建设项目实行代建制时，建设单位如何进行账务处理（二）

下面主要对确认代建管理费，以及项目完工交付使用资产的账务处理进行说明。

一、确认代建管理费

确认代建管理费时，财务会计中，按照确定的金额，借记"在建工程"科目下的"待摊投资"明细科目，贷记"预付账款——预付工程款"等科目；预算会计不做账务处理。

二、项目完工交付使用资产

项目完工交付使用资产时，财务会计中，按照代建单位转来在建工程成本中尚未确认入账的金额，借记"在建工程"科目下的"建筑安装工程投资"等明细科目，贷记"预付账款——预付工程款"等科目；同时，按照在建工程成本，借记"固定资产""公共基础设施"等科目，贷记"在建工程"科目。预算会计不做账务处理。

如果确认代建管理费或竣工决算时涉及补付资金的，财务会计中，应当在确认在建工程成本的同时，按照补付的金额，贷记"财政拨款收入""零余额账户用款额度""银行存款"等科目；同时，在预算会计中，按照补付的金额，借记"行政支出""事业支出"等科目，贷记"财政拨款预算收入""资金结存"科目。

例40-1

G高校某建设项目采用代建制。20×9年8月根据相关规定及合同约定，确认代建管理费10万元。

财务会计账务处理如下。（单位：万元）

借：在建工程——待摊投资　　　　　　　　　10

　　贷：预付账款——预付工程款　　　　　　　　10

预算会计不做账务处理。

例40-2

　　H高校某建设项目采用代建制。20×9年12月项目完工交付使用资产，收到代建单位工程结算单，转来在建工程成本中尚未确认入账的建筑安装工程投资250万元。该建设项目工程预付款当前借方余额100万元，H高校采用财政直接支付方式支付余下款项150万元。该项目完工交付时，在建工程成本为建筑安装工程投资500万元（含应分摊的待摊投资）。

　　财务会计账务处理如下。（单位：万元）

借：在建工程——建筑安装工程投资　　　　　250

　　贷：预付账款——预付工程款　　　　　　　　100

　　　　财政拨款收入　　　　　　　　　　　　　150

借：固定资产　　　　　　　　　　　　　　　500

　　贷：在建工程——建筑安装工程投资　　　　　500

　　预算会计账务处理如下。（单位：万元）

借：事业支出　　　　　　　　　　　　　　　150

　　贷：财政拨款预算收入　　　　　　　　　　　150

政府会计实务 100 问之第 41 问：
事业单位承接代建制项目时如何进行账务处理（一）

事业单位承接其他政府会计主体代建制项目时，应当设置"代建项目"科目，并与建设单位相对应，按照工程性质和类型设置"建筑安装工程投资""设备投资""待摊投资""其他投资""待核销基建支出""基建转出投资"等明细科目，对所承担的代建项目建设成本进行会计核算，全面反映工程的资金资源消耗情况；同时，在"代建项目"科目下设置"代建项目转出"明细科目，通过工程结算或年终对账确认在建工程成本的方式，将代建项目的成本转出，体现在建设单位相应"在建工程"账上。

事业单位承接代建制项目，主要涉及以下业务的账务处理：①收到建设单位拨付的建设项目资金；②工程项目使用资金或发生其他耗费；③按工程进度与建设单位结算工程款或年终与建设单位对账确认在建工程成本并转出；④确认代建费收入；⑤项目完工交付使用资产。

下面主要对收到建设单位拨付的建设项目资金、工程项目使用资金或发生其他耗费，以及按工程进度与建设单位结算工程款或年终与建设单位对账确认在建工程成本并转出的账务处理进行说明。

一、收到建设单位拨付的建设项目资金

收到建设单位拨付的建设项目资金时，按照收到的款项金额，借记"银行存款"等科目，贷记"预收账款——预收工程款"科目。预算会计不做处理。

二、工程项目使用资金或发生其他耗费

工程项目使用资金或发生其他耗费时，按照确定的金额，借记"代建项目"科目下的"建筑安装工程投资"等明细科目，贷记"银行存款""应付职工薪酬""工程物资""累计折旧"等科目。预算会计不做处理。

三、按工程进度与建设单位结算工程款或年终与建设单位对账
确认在建工程成本

按工程进度与建设单位结算工程款或年终与建设单位对账确认在建工程成本并转出时，按照确定的金额，借记"代建项目——代建项目转出"科

目，贷记"代建项目"科目下的"建筑安装工程投资"等明细科目；同时，借记"预收账款——预收工程款"等科目，贷记"代建项目——代建项目转出"科目。预算会计不做处理。

例41-1

X事业单位承接某行政单位一项代建制项目。20×9年1月，根据合同约定，收到建设单位拨付的建设项目资金100万元。2月为该项目使用一批工程物资，价值15万元，支付项目建设的相关建筑安装费用15万元。3月按工程进度与建设单位结算工程款30万元。

（1）1月收到建设项目资金。

财务会计账务处理如下。（单位：万元）

借：银行存款 100

　贷：预收账款——预收工程款 100

预算会计不做账务处理。

（2）2月使用工程物资。

财务会计账务处理如下。（单位：万元）

借：代建项目——建筑安装工程投资 30

　贷：工程物资 15

　　银行存款 15

预算会计不做账务处理。

（3）3月结算工程款。

财务会计账务处理如下。（单位：万元）

借：代建项目——代建项目转出 30

　贷：代建项目——建筑安装工程投资 30

借：预收账款——预收工程款 30

　贷：代建项目——代建项目转出 30

预算会计不做账务处理。

政府会计实务 100 问之第 42 问：
事业单位承接代建制项目时如何进行账务处理（二）

下面主要对确认代建费收入，以及项目竣工交付使用资产的账务处理进行说明。

一、确认代建费收入

确认代建费收入时，按照确定的金额，借记"预收账款——预收工程款"等科目，贷记有关收入科目；同时，在预算会计中借记"资金结存"科目，贷记有关预算收入科目。

二、项目完工交付使用资产

项目完工交付使用资产时，按照代建项目未转出的在建工程成本，借记"代建项目——代建项目转出"科目，贷记"代建项目"科目下的"建筑安装工程投资"等明细科目；同时，借记"预收账款——预收工程款"等科目，贷记"代建项目——代建项目转出"科目。

工程竣工决算时收到补付资金的，按照补付的金额，借记"银行存款"等科目，贷记"预收账款——预收工程款"科目。

例42-1

某事业单位承接某行政单位一项代建制项目，20×9年6月根据相关规定及合同约定，确认代建费收入10万元。9月项目竣工交付使用资产，与建设单位结算在建工程中尚未转出的建筑安装工程投资50万元。（单位：万元）

（1）6月确认代建费收入。

财务会计账务处理如下。

借：预收账款——预收工程款   10

  贷：事业收入   10

预算会计账务处理如下。

借：资金结存——货币资金   10

  贷：事业预算收入   10

（2）9月项目完工交付使用资产。

财务会计账务处理如下。

借：代建项目——代建项目转出　　　　　　50

　　贷：代建项目——建筑安装工程投资　　　　　50

借：预收账款——预收工程款　　　　　　50

　　贷：代建项目——代建项目转出　　　　　　50

预算会计不做账务处理。

八、无形资产

政府会计实务 100 问之第 43 问：
如何认定自行研究开发项目及自行研究开发项目的开发阶段

《政府会计准则第 4 号——无形资产》规定，无形资产进行初始计量时，需要按照不同取得方式确定无形资产入账价值。取得方式包括：外购、自行研究开发、置换取得、接受捐赠、无偿调入等。

《政府会计准则制度解释第 4 号》对自行研究开发项目和自行研究开发项目的开发阶段的认定标准进行了如下规定。

自行研究开发项目应当同时满足以下条件。

（1）该项目以科技成果创造和运用为目的，预期形成至少一项科技成果。科技成果是指通过科学研究与技术开发所产生的具有实用价值的成果。

（2）该项目的研发活动起点可以明确。例如，利用财政资金等单位外部资金设立的科研项目，可以将立项之日作为起点；利用单位自有资金设立的科研项目，可以将单位决策机构批准同意立项之日，或科研人员将研发计划书提交单位科研管理部门审核通过之日作为起点。

当单位自行研究开发项目预期形成的无形资产同时满足以下条件时，可以认定该自行研究开发项目进入开发阶段。

（1）单位预期完成该无形资产以使其能够使用或出售在技术上具有可行性。

（2）单位具有完成该无形资产并使用或出售的意图。

（3）单位预期该无形资产能够为单位带来经济利益或服务潜能。该无形资产自身或运用该无形资产生产的产品存在市场，或者该无形资产在内部使用具有有用性。

（4）单位具有足够的技术、财务资源和其他资源支持，以完成该无形资产的开发，并有能力使用或出售该无形资产。

（5）归属于该无形资产开发阶段的支出能够可靠地计量。

通常情况下，单位可以将样品样机试制成功、可行性研究报告通过评审等作为自行研究开发项目进入开发阶段的标志，但该时点不满足上述进入开发阶段 5 个条件的除外。

政府会计实务 100 问之第 44 问：
自行研发无形资产如何进行初始计量

单位自行研究开发项目时，应当区分研究阶段与开发阶段，并对研究阶段与开发阶段的支出在财务会计中采取不同的核算方法，通过"研发支出"科目核算。"研发支出"科目下设置"研究支出"和"开发支出"两个明细科目。

一、研究阶段支出的核算

"研究"是指为获取并理解新的科学或技术知识而进行的独创性的有计划调查。

研究阶段发生的支出应当先在"研发支出——研究支出"科目归集，按照从事研究及其辅助活动人员计提的薪酬，研究活动领用的库存物品，发生的与研究活动相关的管理费、间接费和其他各项费用，借记"研发支出——研究支出"科目，贷记"应付职工薪酬""库存物品""财政拨款收入""零余额账户用款额度""固定资产累计折旧""银行存款"等科目。

期（月）末，应当将"研发支出——研究支出"科目归集的研究阶段的支出金额转入当期费用，借记"业务活动费用"等科目，贷记"研发支出——研究支出"科目。"研发支出——研究支出"科目期末余额为零。

二、开发阶段支出的核算

"开发"是指在进行生产或使用前，将研究成果或其他知识应用于某项计划或设计，以生产出新的或具有实质性改进的材料、装置、产品等。

开发阶段发生的支出应当先通过"研发支出——开发支出"科目进行归集，按照从事开发及其辅助活动人员计提的薪酬，开发活动领用的库存物品，发生的与开发活动相关的管理费、间接费和其他各项费用，借记"研发支出——开发支出"科目，贷记"应付职工薪酬""库存物品""财政拨款收入""零余额账户用款额度""固定资产累计折旧""银行存款"等科目。

自行研究开发项目完成，达到预定用途形成无形资产的，按照"研发支出——开发支出"科目归集的开发阶段的支出金额，借记"无形资产"科目，贷记"研发支出——开发支出"科目。

单位应于每年年度终了评估研究开发项目是否能达到预定用途，如预计不能达到预定用途（如无法最终完成开发项目并形成无形资产的），应当将已发生的开发支出金额全部转入当期费用，借记"业务活动费用"等科目，贷记"研发支出——开发支出"科目。"研发支出——开发支出"科目期末余额反映单位预计能达到预定用途的研究开发项目在开发阶段发生的累计支出数。

三、特殊情况的核算

单位自行研究开发项目尚未进入开发阶段，或者确实无法区分研究阶段支出和开发阶段支出，但按法律程序已申请取得无形资产的，应当将依法取得时发生的注册费、聘请律师费等费用确认为无形资产。

例44-1

20×9年1月1日，某事业单位经批准研发一项新产品专利技术，在研究阶段，该技术项目每月发生材料耗用8万元，人员工资16万元，研发设备折旧6万元，使用零余额账户支付零星支出1万元。6月底完成研究工作，自7月1日起该技术项目进入开发阶段，每月发生材料耗用6万元，人员工资12万元，研发设备折旧8万元，使用财政直接支付方式支付零星支出1万元。20×9年12月底，该专利技术达到预定用途。（单位：万元）

（1）研究阶段（1—6月）每月财务会计账务处理如下。

借：研发支出——研究支出　　　　　　　　31
　　贷：库存物品　　　　　　　　　　　　　　8
　　　　应付职工薪酬　　　　　　　　　　　16
　　　　固定资产累计折旧　　　　　　　　　6
　　　　零余额账户用款额度　　　　　　　　1
借：业务活动费用　　　　　　　　　　　　31
　　贷：研发支出——研究支出　　　　　　　31

（2）开发阶段（7—12月）每月财务会计账务处理如下。

借：研发支出——开发支出　　　　　　　　27
　　贷：库存物品　　　　　　　　　　　　　　6
　　　　应付职工薪酬　　　　　　　　　　　12
　　　　固定资产累计折旧　　　　　　　　　8
　　　　财政拨款收入　　　　　　　　　　　1

（3）年末项目完成财务会计账务处理，开发阶段发生的162万元（27×6）研发支出作为无形资产的成本确认入账。

借：无形资产　　　　　　　　　　　　　162
　　贷：研发支出——开发支出　　　　　　162

政府会计实务 100 问之第 45 问：
单位委托开发软件如何进行核算

单位委托软件公司开发软件，视同外购无形资产进行处理。财务会计核算主要包括按合同约定预付开发费用的账务处理和软件开发完成交付使用并支付剩余或全部软件开发费用的账务处理。预算会计主要对软件委托开发业务中发生的纳入部门预算管理的现金流出进行核算。

一、财务会计核算

《政府会计准则第 4 号——无形资产》规定，政府会计主体委托软件公司开发的软件，视同外购无形资产确定其成本，包括购买价款、相关税费以及可归属于该项资产达到预定用途前所发生的其他支出。

合同中约定预付开发费用的，按照预付金额，借记"预付账款"科目，贷记"财政拨款收入""零余额账户用款额度""银行存款"等科目。

软件开发完成交付使用并支付剩余或全部软件开发费用时，按照软件开发费用总额，借记"无形资产"科目；按照相关预付账款金额，贷记"预付账款"科目；按照支付的剩余金额，贷记"财政拨款收入""零余额账户用款额度""银行存款"等科目。

二、预算会计核算

在软件委托开发过程中，对发生的纳入部门预算管理的现金流出，按照实际支付的金额，借记"行政支出""事业支出""经营支出"等科目，贷记"财政拨款预算收入""资金结存"等科目。

例45-1

20×9年4月，某事业单位委托某软件开发公司开发内部控制系统，合同总价款为100万元，按照合同约定，签订合同后先预付30万元，采用财政直接支付方式支付。20×9年10月，该系统开发完成并交付使用，采用财政直接支付方式支付剩余价款70万元。

（1）按合同约定预付开发费用时。

财务会计账务处理如下。

借：预付账款　　　　　　　　　　　　300 000

　贷：财政拨款收入　　　　　　　　　　　300 000

预算会计账务处理如下。

借：事业支出　　　　　　　　　　　　　　300 000

　　贷：财政拨款预算收入　　　　　　　　　　300 000

（2）系统开发完成交付使用并支付剩余价款时。

财务会计账务处理如下。

借：无形资产　　　　　　　　　　　　　　1000 000

　　贷：预付账款　　　　　　　　　　　　　　300 000

　　　　财政拨款收入　　　　　　　　　　　　700 000

预算会计账务处理如下。

借：事业支出　　　　　　　　　　　　　　700 000

　　贷：财政拨款预算收入　　　　　　　　　　700 000

政府会计实务 100 问之第 46 问：
单位发生无形资产后续支出如何核算

无形资产后续支出是指在无形资产使用过程中发生的改造升级支出、日常维护费用等。在财务会计中，对无形资产后续支出进行核算时，需要区分资本化支出和费用化支出。符合无形资产确认条件的，应当予以资本化，计入无形资产成本；不符合无形资产确认条件的，应当予以费用化，在发生时计入当期费用。在预算会计中，对纳入单位预算管理的无形资产后续支出中的现金流出需要进行核算。

一、财务会计核算

（一）符合无形资产确认条件的后续支出

通常情况下，为增加无形资产的使用效能对其进行升级改造或扩展其功能时发生的后续支出，符合无形资产确认条件，应当予以资本化。

（1）对需要暂停无形资产摊销的，按照无形资产的账面价值，借记"在建工程"科目；按照无形资产已摊销的金额，借记"无形资产累计摊销"科目；按照无形资产的账面余额，贷记"无形资产"科目。

（2）无形资产后续支出符合无形资产确认条件的，按照支出的金额，借记"无形资产"科目（无须暂停摊销的）或"在建工程"科目（需要暂停摊销的），贷记"财政拨款收入""零余额账户用款额度""银行存款"等科目。

（3）暂停摊销的无形资产升级改造或扩展功能等完成交付使用时，按照在建工程成本，借记"无形资产"科目，贷记"在建工程"科目。

（二）不符合无形资产确认条件的后续支出

通常情况下，为保证无形资产正常使用而发生的日常维护等支出，不符合无形资产确认条件，应当予以费用化。

发生无形资产日常维护等支出时，按照实际支付的金额，借记"业务活动费用""单位管理费用"等科目，贷记"财政拨款收入""零余额账户用款额度""银行存款"等科目。

二、预算会计核算

发生纳入单位预算管理的无形资产后续支出时，在预算会计中需要进行核算，按照实际支付的金额，借记"行政支出""事业支出""经营支出"等科目，贷记"财政拨款预算收入""资金结存"等科目。

例46-1

20×9年2月，某事业单位对原有的内部控制系统进行升级改造，该无形资产原值100万元，已摊销金额20万元。升级改造过程中用银行存款支付款项30万元。该无形资产于20×9年4月升级改造完成。

财务会计账务处理如下。

（1）无形资产转入升级改造状态。

借：在建工程	800 000
无形资产累计摊销	200 000
贷：无形资产	1 000 000

（2）支付升级改造款。

借：在建工程	300 000
贷：银行存款	300 000

（3）升级改造完成。

借：无形资产	1 100 000
贷：在建工程	1 100 000

预算会计账务处理如下。

借：事业支出	300 000
贷：资金结存——货币资金	300 000

例46-2

20×9年8月，某事业单位对内部控制系统进行日常维护，使用财政直接支付方式支付维护费用2 000元。

财务会计账务处理如下。

借：业务活动费用	2 000
贷：财政拨款收入	2 000

预算会计账务处理如下。

借：事业支出	2 000
贷：财政拨款预算收入	2 000

九、资产盘盈盘亏报废毁损

政府会计实务 100 问之第 47 问：
库存物品、固定资产盘亏或毁损、报废如何核算

单位应当定期对库存物品、固定资产进行清查盘点，每年至少盘点一次。发生库存物品、固定资产盘亏或毁损、报废时，财务会计的核算内容主要包括对盘亏或毁损、报废的库存物品、固定资产账面价值转出的账务处理，以及对处置过程中发生的相关收入、费用、赔偿等的账务处理；预算会计中，仅对处置过程中发生的处理净支出进行账务处理。

一、对盘亏或毁损、报废的库存物品、固定资产账面价值转出的账务处理

对盘亏或毁损、报废的库存物品、固定资产账面价值转出的账务处理不涉及纳入部门预算管理的现金收支业务，因此，仅在财务会计中核算，预算会计中不进行核算。

（1）将盘亏或毁损、报废的库存物品、固定资产转入待处理资产。

① 库存物品盘亏或毁损、报废。

将盘亏或毁损、报废的库存物品转入待处理资产，按照待处理库存物品的账面余额，借记"待处理财产损溢"科目，贷记"库存物品"科目。

属于增值税一般纳税人的单位，若因非正常原因导致库存物品盘亏或毁损、报废，还应当将与该库存物品相关的增值税进项税额转出，按照其增值税进项税额，借记"待处理财产损溢"科目，贷记"应交增值税——应交税金（进项税额转出）"科目。

② 固定资产盘亏或毁损、报废。

将盘亏或毁损、报废的固定资产转入待处理资产，按照待处理固定资产的账面价值，借记"待处理财产损溢"科目；按照已计提折旧，借记"固定资产累计折旧"科目；按照固定资产的账面余额，贷记"固定资产"科目。

（2）按照规定报经批准后，将盘亏或毁损、报废的库存物品、固定资产的账面价值计入当期资产处置费用，借记"资产处置费用"科目，贷记"待处理财产损溢"科目。

二、对处置过程中相关收入、费用、赔偿等的账务处理

（一）发生相关收入、费用、赔偿等时的账务处理

财务会计中，处置过程中取得的残值或残值变价收入、保险理赔和过失人赔偿等，借记"库存现金""银行存款""库存物品""其他应收款"等科目，贷记"待处理财产损溢"科目；发生的相关费用，借记"待处理财产损溢"科目，贷记"库存现金""银行存款"等科目。预算会计中不进行核算。

（二）处理收支结清时的账务处理

（1）如果处理收入大于相关费用，财务会计中，按照处理收入减去相关费用后的净收入，借记"待处理财产损溢"科目，贷记"应缴财政款"等科目；预算会计中不进行核算。

（2）如果处理收入小于相关费用，财务会计中，按照相关费用减去处理收入后的净支出，借记"资产处置费用"科目，贷记"待处理财产损溢"科目；预算会计中，按照处置过程中发生的处理净支出，借记"其他支出"科目，贷记"资金结存"等科目。

例47-1

某单位年底资产清查时，发现库存物品、固定资产盘亏，盘亏固定资产原值20万元，已计提折旧15万元，盘亏库存物品账面余额1万元，其购进时增值税进项税额为0.13万元。

财务会计账务处理如下。

借：待处理财产损溢　　　　　　　　　　　61 300
　　固定资产累计折旧　　　　　　　　　　150 000
　　　贷：固定资产　　　　　　　　　　　200 000
　　　　　库存物品　　　　　　　　　　　　10 000
　　　　　应交增值税——应交税金（进项税额转出）　1 300
借：资产处置费用　　　　　　　　　　　　61 300
　　　贷：待处理财产损溢　　　　　　　　　61 300
单位不需要进行预算会计核算。

例47-2

某单位发生固定资产报废，报废的固定资产原值20万元，已计提折旧10万元，以银行存款方式取得保险理赔5万元，发生相关处置费用1万元，用现金支付。

财务会计账务处理如下。

（1）对报废资产账面价值的账务处理如下。

借：待处理财产损溢　　　　　　　　100 000
　　固定资产累计折旧　　　　　　　100 000
　　　贷：固定资产　　　　　　　　　　　　200 000
借：资产处置费用　　　　　　　　　100 000
　　　贷：待处理财产损溢　　　　　　　　　100 000

（2）对处置过程中发生的相关赔偿、费用的账务处理如下。

借：银行存款　　　　　　　　　　　 50 000
　　　贷：待处理财产损溢　　　　　　　　　 50 000
借：待处理财产损溢　　　　　　　　 10 000
　　　贷：库存现金　　　　　　　　　　　　 10 000
借：待处理财产损溢　　　　　　　　 40 000
　　　贷：应缴财政款　　　　　　　　　　　 40 000

单位不需要进行预算会计核算。

例47-3

某单位发生固定资产毁损，毁损固定资产原值10万元，已计提折旧8万元，以银行存款方式取得残值变价收入1万元，以现金支付相关费用2万元。

财务会计账务处理如下。

（1）对毁损资产账面价值的账务处理如下。

借：待处理财产损溢　　　　　　　　 20 000
　　固定资产累计折旧　　　　　　　 80 000
　　　贷：固定资产　　　　　　　　　　　　100 000
借：资产处置费用　　　　　　　　　 20 000
　　　贷：待处理财产损溢　　　　　　　　　 20 000

（2）对处置过程中发生的相关收入、费用的账务处理如下。

借：银行存款　　　　　　　　　　　 10 000
　　　贷：待处理财产损溢　　　　　　　　　 10 000
借：待处理财产损溢　　　　　　　　 20 000
　　　贷：库存现金　　　　　　　　　　　　 20 000
借：资产处置费用　　　　　　　　　 10 000
　　　贷：待处理财产损溢　　　　　　　　　 10 000

预算会计账务处理如下。

借：其他支出　　　　　　　　　　　 10 000
　　　贷：资金结存　　　　　　　　　　　　 10 000

政府会计实务 100 问之第 48 问:
单位如何对库存物品、固定资产盘盈进行核算

　　单位应当定期对库存物品、固定资产进行清查盘点,每年至少盘点一次。发生库存物品、固定资产盘盈时,在财务会计中,应先按照确定的成本将盘盈资产转入待处理资产,贷记"待处理财产损溢"科目,按照规定报经批准后再及时进行后续账务处理。库存物品、固定资产盘盈,一般不发生纳入部门预算管理的现金收支,预算会计不需要进行账务处理。

一、将盘盈库存物品、固定资产转入待处理资产的账务处理

　　发生库存物品、固定资产盘盈时,将盘盈资产转入待处理资产,按照确定的成本,借记"库存物品""固定资产"科目,贷记"待处理财产损溢"科目。其入账成本按照有关凭据注明的金额确定;没有相关凭据,但按照规定经过资产评估的,其成本按照评估价值确定;没有相关凭据,也未经过评估的,其成本按照重置成本确定。如无法采用上述方法确定盘盈库存物品或固定资产成本的,按照名义金额入账。

二、按照规定报经批准后的账务处理

　　按照规定报经批准后,对于盘盈的库存物品,借记"待处理财产损溢"科目,事业单位贷记"单位管理费用"科目,行政单位贷记"业务活动费用"科目。对于盘盈的固定资产,如属于本年度取得的,按照当年新取得固定资产进行账务处理;如属于以前年度取得的,按照前期差错处理,借记"待处理财产损溢"科目,贷记"以前年度盈余调整"科目。

　　例48-1
　　某事业单位年底进行资产清查时,盘盈存货5万元,盘盈固定资产(系以前年度取得)10万元,其财务会计账务处理如下。(单位:万元)
　　(1)盘盈资产转入待处理资产。

借:库存物品　　　　　　　　　　　　　　5
　　固定资产　　　　　　　　　　　　　　10
　　贷:待处理财产损溢　　　　　　　　　　　　15

（2）按照规定报经批准后。

借：待处理财产损溢   15

    贷：单位管理费用   5

        以前年度盈余调整   10

由于未发生纳入部门预算管理的现金收支，预算会计不需要进行账务处理。

政府会计实务 100 问之第 49 问：
单位如何对现金溢余进行核算

单位每日终了，将现金结余数与实际库存数核对，发现现金溢余的，应做如下账务处理。

一、财务会计核算

发生现金溢余时，按照实际溢余的金额，借记"库存现金"科目，贷记"待处理财产损溢"科目。查明原因，属于应支付给有关人员或单位的，借记"待处理财产损溢"科目，贷记"其他应付款"科目；实际支付时借记"其他应付款"科目，贷记"库存现金"科目。属于无法查明原因的，报经批准后，借记"待处理财产损溢"科目，贷记"其他收入"科目。

二、预算会计核算

发生现金溢余时，按照实际溢余的金额，借记"资金结存——货币资金"科目，贷记"其他预算收入"科目。查明原因，属于应支付给有关人员或单位的，在实际支付时，借记"其他预算收入"科目，贷记"资金结存——货币资金"科目。

例49-1

某事业单位5月8日现金盘点时，发生现金溢余600元，5月9日查明原因，溢余现金是应支付给某职工的金额，报经批准后，5月10日将溢余现金支付给某职工。

（1）5月8日发生现金溢余。

财务会计账务处理如下。

借：库存现金　　　　　　　　　　　　600
　　贷：待处理财产损溢　　　　　　　　　　600

预算会计账务处理如下。

借：资金结存——货币资金　　　　　　600
　　贷：其他预算收入　　　　　　　　　　　600

（2）5月9日查明原因。

财务会计账务处理如下。

借：待处理财产损溢   600

  贷：其他应付款   600

预算会计不做账务处理。

（3）5月10日将溢余现金支付给某职工。

财务会计账务处理如下。

借：其他应付款   600

  贷：库存现金   600

预算会计账务处理如下。

借：其他预算收入   600

  贷：资金结存——货币资金   600

例49-2

某事业单位6月3日现金盘点时，发生现金溢余700元，经工作人员核实后属于无法查明原因的溢余，6月5日报经批准后处理。

（1）6月3日发生现金溢余。

财务会计账务处理如下。

借：库存现金   700

  贷：待处理财产损溢   700

预算会计账务处理如下。

借：资金结存——货币资金   700

  贷：其他预算收入   700

（2）6月5日报经批准。

财务会计账务处理如下。

借：待处理财产损溢   700

  贷：其他收入   700

预算会计不做账务处理。

政府会计实务 100 问之第 50 问：
单位如何对现金短缺进行核算

　　单位每日终了，将现金结余数与实际库存数核对，发现现金短缺的，应做如下账务处理。

一、财务会计核算

　　发生现金短缺时，将实际短缺的金额，借记"待处理财产损溢"科目，贷记"库存现金"科目。查明原因，属于应由责任人赔偿或向有关人员追回的，借记"其他应收款"科目，贷记"待处理财产损溢"科目；实际收到款项时，借记"库存现金"科目，贷记"其他应收款"科目。属于无法查明原因的，报经批准核销时，借记"资产处置费用"科目，贷记"待处理财产损溢"科目。

二、预算会计核算

　　发生现金短缺时，按照实际短缺的金额，借记"其他支出"科目，贷记"资金结存——货币资金"科目。查明原因，属于应由责任人赔偿或向有关人员追回的并且实际收到款项时，借记"资金结存——货币资金"科目，贷记"其他支出"科目。

 例50-1

　　某事业单位4月1日现金盘点时，发生现金短缺500元，4月2日查明属于某职工应赔偿的金额，4月3日收到赔偿款项。

　　（1）4月1日发生现金短缺。

　　财务会计账务处理如下。

　　借：待处理财产损溢　　　　　　　　　　500

　　　　贷：库存现金　　　　　　　　　　　　　500

　　预算会计账务处理如下。

　　借：其他支出　　　　　　　　　　　　500

　　　　贷：资金结存——货币资金　　　　　　　500

　　（2）4月2日查明原因。

　　财务会计账务处理如下。

借：其他应收款   500

    贷：待处理财产损溢   500

预算会计不做账务处理。

（3）4月3日收到赔偿款项。

财务会计账务处理如下。

借：库存现金   500

    贷：其他应收款   500

预算会计账务处理如下。

借：资金结存——货币资金   500

    贷：其他支出   500

例50-2

某事业单位5月27日现金盘点时，发生现金短缺400元，经工作人员核实后属于无法查明原因的短缺，5月29日报经批准后准予核销。

（1）5月27日发生现金短缺。

财务会计账务处理如下。

借：待处理财产损溢   400

    贷：库存现金   400

预算会计账务处理如下。

借：其他支出   400

    贷：资金结存——货币资金   400

（2）5月29日批准核销。

财务会计账务处理如下。

借：资产处置费用   400

    贷：待处理财产损溢   400

预算会计不做账务处理。

十、借款

政府会计实务 100 问之第 51 问：
事业单位各类借款利息在财务会计中应该如何核算

借款利息是指事业单位向银行或其他机构借入资金发生的利息，包括短期借款利息和长期借款利息。对借款利息的核算主要包括计提利息和支付利息业务的核算。

进行计提借款利息的账务处理时，需要对以下两个方面作出判断。

一是判断利息是费用化还是资本化，以确定分录的借方科目。为建造固定资产、公共基础设施等借入的专门借款的利息，属于建设期间发生的，按期计提的利息应予以资本化，按照计算确定的金额，计入工程成本，借记"在建工程"等科目；不属于建设期间发生的，按期计提的利息应予以费用化，按照计算确定的金额，计入当期费用，借记"其他费用"科目。对于其他短期借款和长期借款按期计提的利息应予以费用化，按照计算确定的金额，借记"其他费用"科目。

二是判断应支付利息的核算科目，以确定分录的贷方科目。短期借款和分期付息到期还本的长期借款计提的利息属于流动负债，通过"应付利息"科目核算。到期一次还本付息的长期借款计提的利息在长期借款到期时才予以支付，属于非流动负债，通过"长期借款——应计利息"科目核算。

实际支付利息费用时，按照支付的金额，借记"应付利息"或"长期借款——应计利息"科目，贷记"银行存款"等科目。

政府会计实务 100 问之第 52 问：
事业单位取得的借款如何在预算会计中进行核算

　　事业单位借款是指事业单位按照规定从银行和其他金融机构等借入的、纳入部门预算管理的、不以财政资金作为偿还来源的款项，包括短期借款和长期借款。《政府会计制度》规定，事业单位发生借款时，不仅需要在财务会计中确认为负债，还需要在预算会计中确认为预算收入，通过"债务预算收入"科目进行核算。

　　事业单位取得的借款账务处理如下。

　　（1）事业单位借入各项短期或长期借款时，按照实际借入金额，借记"资金结存——货币资金"科目，贷记"债务预算收入"科目。

　　（2）年末，将"债务预算收入"科目本年发生额中的专项资金收入转入非财政拨款结转，借记"债务预算收入"科目下各专项资金收入明细科目，贷记"非财政拨款结转——本年收支结转"科目；将"债务预算收入"科目本年发生额中的非专项资金收入转入其他结余，借记"债务预算收入"科目下各非专项资金收入明细科目，贷记"其他结余"科目。

　　在预算会计中对事业单位借款进行核算时，需要注意的是，为满足事业单位专项资金单独核算的要求，应该将事业单位借款按资金用途区分为专项资金和非专项资金，并将专项资金按具体项目进行明细核算。在年末，应将具有专项用途的债务预算收入按项目转入非财政拨款结转，而将非专项用途的债务预算收入转入其他结余。此外，还应将"债务预算收入"科目按照贷款单位、贷款种类、《政府收支分类科目》中"支出功能分类科目"的项级科目等进行明细核算。

政府会计实务 100 问之第 53 问：
事业单位偿还债务本金和利息，如何在预算会计中进行核算

在预算会计中，事业单位偿还债务本金时应通过"债务还本支出"科目进行核算，并按照贷款单位、贷款种类、《政府收支分类科目》中"支出功能分类科目"的项级科目和"部门预算支出经济分类科目"的款级科目等进行明细核算。"债务还本支出"科目核算事业单位偿还自身承担的纳入预算管理的从金融机构举借的债务本金的现金流出。当事业单位偿还短期或长期借款时，按照偿还的借款本金，借记"债务还本支出"科目，贷记"资金结存"科目；年末，将"债务还本支出"科目的本年发生额转入"其他结余"科目，借记"其他结余"科目，贷记"债务还本支出"科目。

在预算会计中，事业单位偿还债务利息时应通过"其他支出"科目进行核算，单位发生利息支出金额较大或业务较多的，可单独设置"利息支出"科目核算。当事业单位支付银行借款的利息时，按照实际支付金额，借记"其他支出"科目或"利息支出"科目，贷记"资金结存"科目。年末，将"其他支出"科目中与利息支出相关的明细科目或"利息支出"科目的本年发生额转入"其他结余"科目，借记"其他结余"科目，贷记"其他支出"相关明细科目或"利息支出"科目。

十一、增值税

政府会计实务 100 问之第 54 问：
单位在取得进项税额允许抵扣的资产或服务时如何进行账务处理

单位（增值税—一般纳税人）在取得进项税额允许抵扣的资产或服务时，财务会计对取得资产或接受劳务的成本或费用进行确认，并区分当月已认证和未认证的可抵扣增值税额对增值税进项税额进行核算；预算会计主要对纳入部门预算管理的现金流出进行核算。

一、财务会计核算

单位购买用于增值税应税项目的资产或服务时，按照应计入相关成本或费用的金额，借记"业务活动费用""在途物品""库存物品""工程物资""在建工程""固定资产""无形资产"等科目；按照当月已认证的可抵扣增值税额，借记"应交增值税——应交税金（进项税额）"科目；按照当月未认证的可抵扣增值税额，借记"应交增值税——待认证进项税额"；按照应付或实际支付的金额，贷记"应付账款""应付票据""银行存款""零余额账户用款额度"等科目。

二、预算会计核算

单位购买用于增值税应税项目的资产或服务时，按照实际支付的金额，借记"事业支出""经营支出"等科目，贷记"资金结存"等科目。

例54-1

某事业单位为增值税一般纳税人，20×9年5月购入经营活动使用的物资一批并验收入库，款项通过银行存款支付，取得的增值税专用发票显示，货物价款为20 000元，增值税额2 600元，当月已认证可抵扣。

（1）财务会计账务处理如下。

借：库存物品	20 000	
应交增值税——应交税金（进项税额）	2 600	
贷：银行存款		22 600

（2）预算会计账务处理如下。

借：经营支出	22 600	
贷：资金结存——货币资金		22 600

政府会计实务 100 问之第 55 问：
单位在取得进项税额不允许抵扣的资产或服务时如何进行账务处理

单位（增值税一般纳税人）在取得进项税额不允许抵扣的资产或服务时，财务会计对取得资产或服务的成本或费用进行确认，不可抵扣的进项税额计入资产或服务的成本或费用；预算会计主要对纳入部门预算管理的现金流出进行核算。

一、财务会计核算

单位购进资产或服务等，用于简易计税方法计税项目、免征增值税项目、集体福利或个人消费等，其进项税额按照现行增值税制度不得从销项税额中抵扣的，取得增值税专用发票时，应按照增值税发票注明的金额，借记相关成本费用或资产科目；按照待认证的增值税进项税额，借记"应交增值税——待认证进项税额"科目；按照实际支付或应付的金额，贷记"银行存款""应付账款""零余额账户用款额度"等科目。经税务机关认证为不可抵扣进项税额时，借记"应交增值税——应交税金（进项税额）"科目，贷记"应交增值税——待认证进项税额"科目；同时，将进项税额转出，借记相关成本费用或资产科目，贷记"应交增值税——应交税金（进项税额转出）"科目。

小规模纳税人购买资产或服务时不能抵扣增值税，发生的增值税计入资产成本或相关成本费用。

二、预算会计核算

单位购进资产或服务时，按照实际支付的金额，借记"事业支出""经营支出"等科目，贷记"资金结存"等科目。

例55-1

某事业单位为增值税一般纳税人，20×9年7月购入一批用于集体福利的物资并验收入库，款项用银行存款支付。取得的增值税专用发票显示，货物价款为30 000元，增值税额3 900元。8月经税务机关认证为不可抵扣进项税额。

（1）7月购入时财务会计账务处理如下。

借：库存物品　　　　　　　　　　　　　30 000

　　应交增值税——待认证进项税额　　　　3 900

　　贷：银行存款　　　　　　　　　　　　　33 900

7月购入时预算会计账务处理如下。

借：事业支出　　　　　　　　　　　　　33 900

　　贷：资金结存——货币资金　　　　　　33 900

（2）8月经认证为不可抵扣进项税额时财务会计账务处理如下。

借：应交增值税——应交税金（进项税额）　3 900

　　贷：应交增值税——待认证进项税额　　　　3 900

借：库存物品　　　　　　　　　　　　　3 900

　　贷：应交增值税——应交税金（进项税额转出）3 900

由于此时不涉及纳入部门预算管理的现金收支，预算会计不做账务处理。

政府会计实务 100 问之第 56 问：
单位对购进的不动产或不动产在建工程抵扣进项税额时如何进行账务处理

单位（增值税一般纳税人）取得应税项目为不动产或者不动产在建工程，其进项税额按照增值税制度规定进行抵扣，财务会计对取得的不动产或不动产在建工程的成本进行确认；预算会计主要对纳入部门预算管理的现金流出进行核算。

一、财务会计核算

单位取得不动产或不动产在建工程时，应当按照取得成本，借记"固定资产""在建工程"等科目，按照当期可抵扣的增值税额，借记"应交增值税——应交税金（进项税额）"科目，按照应付或实际支付的金额，贷记"应付账款""应付票据""银行存款""零余额账户用款额度"等科目。

二、预算会计核算

单位购进不动产或不动产在建工程时，按照实际支付的金额，借记"事业支出""经营支出"等科目，贷记"资金结存"等科目。

例56-1

某事业单位为增值税一般纳税人，20×9年1月购入一处办公楼并验收合格，用银行存款支付。取得增值税专用发票显示，办公楼价款1 000万元，增值税额50万元，当月已取得增值税扣税凭证。根据增值税的有关规定，购入不动产的增值税可以抵扣。

20×9年1月购入办公楼取得增值税扣税凭证时：

财务会计账务处理如下。

借：固定资产 10 000 000
　　应交增值税——应交税金（进项税额） 500 000
　　贷：银行存款 10 500 000

预算会计账务处理如下。

借：事业支出 10 500 000
　　贷：资金结存——货币资金 10 500 000

政府会计实务 100 问之第 57 问：
原允许抵扣的进项税额转为不允许抵扣时，单位如何进行账务处理

单位购进属于增值税应税项目的资产之后，由于发生非正常损失或改变用途等，原允许抵扣的进项税额转为不允许抵扣时，财务会计主要对涉及资产的成本及进项税额进行调整；由于此过程不涉及纳入部门预算管理的现金收支，预算会计不进行账务处理。

单位因发生非正常损失或改变用途等，原已计入进项税额、待抵扣进项税额或待认证进项税额，但按照现行增值税制度规定不得从销项税额中抵扣的，借记"待处理财产损溢""固定资产""无形资产"等科目，贷记"应交增值税——应交税金（进项税额转出）"科目、"应交增值税——待抵扣进项税额"科目或"应交增值税——待认证进项税额"科目。固定资产、无形资产等经上述调整后，应按照调整后的账面价值在剩余尚可使用年限内计提折旧或摊销。

例57-1

某事业单位20×9年10月将用于经营活动的办公楼改用于职工活动中心，该办公楼于20×9年7月购入并验收合格，取得的增值税专用发票显示，办公楼价款为1 000万元，增值税进项税额为90万元，购买当月已取得增值税抵扣凭证并按现行增值税规定一次抵扣。该办公楼采用直线法计提折旧，不考虑残值，折旧年限为20年。

（1）20×9年10月改变用途时财务会计账务处理如下。

借：固定资产   900 000
  贷：应交增值税——应交税金（进项税额转出） 900 000

（2）改变用途后每月对该楼计提的折旧金额如下。

改变用途时办公楼已计提折旧额=1 000÷（20×12）×3=12.5（万元）。

改变用途后办公楼的账面价值=1 000-12.5+90=1 077.5（万元）。

改变用途后每月应计提折旧金额=1 077.5÷（20×12-3）≈4.55（万元）。

由于此过程不涉及纳入部门预算管理的现金收支，预算会计不进行账务处理。

政府会计实务 100 问之第 58 问：
原不允许抵扣的进项税额转为允许抵扣时，单位如何进行账务处理

单位购进增值税进项税额不允许抵扣的资产后，由于改变用途等，原不允许抵扣的进项税额转为允许抵扣时，财务会计主要对涉及资产的成本及进项税额进行调整；由于此过程不涉及纳入部门预算管理的现金收支，预算会计不进行账务处理。

原不得抵扣且未抵扣进项税额的固定资产、无形资产等，因改变用途等用于允许抵扣进项税额的应税项目的，应按照允许抵扣的进项税额，借记"应交增值税——应交税金（进项税额）"科目，贷记"固定资产""无形资产"等科目。固定资产、无形资产等经上述调整后，应按照调整后的账面价值在剩余尚可使用年限内计提折旧或摊销。

例58-1

某事业单位20×9年10月将用于职工活动的办公楼用于经营活动，该办公楼于20×9年4月购入并验收合格，已计提6个月折旧额，取得的增值税专用发票显示，办公楼价款为1 000万元，增值税额为90万元，购买时已认证为不可抵扣进项税额，办公楼入账原值为1 090万元。该办公楼采用直线法计提折旧，不考虑残值，折旧年限为20年。

（1）改变用途时可抵扣进项税额。

改变用途时办公楼已计提折旧额=1 090÷（20×12）×6=27.25（万元）。

改变用途时不动产净值率=（1 090-27.25）÷1 090×100%=97.5%。

改变用途时可抵扣进项税额=90×97.5%=87.75（万元）。

20×9年10月将办公楼改变用途时的财务会计账务处理如下。

借：应交增值税——应交税金（进项税额）　877 500

　　贷：固定资产　　　　　　　　　　　　　　　877 500

由于此过程不涉及纳入部门预算管理的现金收支，预算会计不进行账务处理。

（2）改变用途后每月对该办公楼计提的折旧金额如下。

改变用途后办公楼的账面价值=1 090-27.25-87.75=975（万元）。

改变用途后每月应计提折旧金额=975÷（20×12-6）≈4.17（万元）。

由于此过程不涉及纳入部门预算管理的现金收支，预算会计不进行账务处理。

政府会计实务 100 问之第 59 问：
单位销售资产或提供服务等时对应税销项税额如何进行账务处理（一）

根据《中华人民共和国增值税暂行条例》和《政府会计制度》以及相关政府会计准则规定，单位在销售资产或提供服务时，按照增值税制度确认的增值税纳税义务发生时点与按照政府会计制度及相关政府会计准则确认收入的时点之间的关系存在三种情况，具体包括：①增值税制度确认增值税纳税义务发生时点与政府会计制度及相关政府会计准则确认收入时点一致；②增值税制度确认增值税纳税义务发生时点早于政府会计制度及相关政府会计准则确认收入时点；③增值税制度确认增值税纳税义务发生时点晚于政府会计制度及相关政府会计准则确认收入时点。下面对增值税制度确认增值税纳税义务发生时点与政府会计制度及相关政府会计准则确认收入时点一致的情况进行说明。

当按照增值税制度确认增值税纳税义务发生时点与按照政府会计制度及相关政府会计准则确认收入时点一致时，财务会计对销售资产或提供服务的收入进行确认，并按照现行增值税制度规定对销项税额进行核算；预算会计对纳入部门预算管理的现金流入进行核算。

一、财务会计核算

单位销售资产或提供服务时，应当按照应收或已收的金额，借记"应收账款""应收票据""银行存款"等科目；按照确认的收入金额，贷记"经营收入""事业收入"等科目；按照现行增值税制度规定计算的销项税额（或采用简易计税方法计算的应纳增值税额），贷记"应交增值税——应交税金（销项税额）"科目或"应交增值税（简易计税）"科目。发生销售退回的，应根据按照规定开具的红字增值税专用发票做相反的会计分录。

二、预算会计核算

单位销售资产或提供服务时，按照实际收到的金额，借记"资金结存"等科目，贷记"事业预算收入""经营预算收入"等科目。

例59-1

某事业单位为增值税一般纳税人，20×9年4月5日提供体育技术服务并于当日收到款项，款项已存入开户银行。开具的增值税专用发票显示，服务价款为30 000元，增值税为1 800元。

财务会计账务处理如下。

借：银行存款　　　　　　　　　　31 800
　　贷：事业收入　　　　　　　　　　　30 000
　　　　应交增值税——应交税金（销项税额）　1 800

预算会计账务处理如下。

借：资金结存——货币资金　　　　　31 800
　　贷：事业预算收入　　　　　　　　　31 800

政府会计实务 100 问之第 60 问：
单位销售资产或提供服务等时对应税销项税额如何进行账务处理（二）

下面对增值税制度确认增值税纳税义务发生时点早于政府会计制度及相关政府会计准则确认收入时点的情况进行说明。

当按照增值税制度确认增值税纳税义务发生时点早于按照政府会计制度及相关政府会计准则确认收入时点时，财务会计在增值税纳税义务发生时对应确认的销项税额进行核算，待后续按照政府会计制度及相关政府会计准则规定确认收入时，再对销售资产或提供服务应确认的收入进行核算；预算会计对纳入部门预算管理的现金流入进行核算。

一、财务会计核算

当按照增值税制度确认增值税纳税义务发生时点早于按照政府会计制度及相关政府会计准则确认收入时点时，单位在增值税纳税义务发生时，应按照应纳增值税额，借记"应收账款"科目，贷记"应交增值税——应交税金（销项税额）"科目或"应交增值税（简易计税）"科目。待实际确认收入时，应当按照应收或实际收到的金额，借记"应收账款""应收票据""银行存款"等科目；按照确认的收入金额，贷记"经营收入""事业收入"等科目。发生销售退回的，应根据按照规定开具的红字增值税专用发票做相反的会计分录。

二、预算会计核算

在实际收到款项时，按照实际收到的金额，借记"资金结存"等科目，贷记"事业预算收入""经营预算收入"等科目。

例60-1

某事业单位为增值税一般纳税人，20×9年5月25日签订提供广播影视服务合同并于当日开具增值税专用发票，服务价款为50 000元，增值税额为3 000元。6月10日完成合同约定服务并收到款项，款项已存入银行存款。

（1）5月25日。

财务会计账务处理如下。

借：应收账款　　　　　　　　　　　　　3 000
　　贷：应交增值税——应交税金（销项税额）　3 000

由于此时不涉及纳入部门预算管理的现金收支，预算会计不做账务处理。

（2）6月10日。

财务会计账务处理如下。

借：银行存款　　　　　　　　　　　　53 000
　　贷：事业收入　　　　　　　　　　　　50 000
　　　　应收账款　　　　　　　　　　　　3 000

预算会计账务处理如下。

借：资金结存——货币资金　　　　　　53 000
　　贷：事业预算收入　　　　　　　　　　53 000

政府会计实务 100 问之第 61 问:
单位销售资产或提供服务等时对应税销项税额如何进行账务处理(三)

下面对增值税制度确认增值税纳税义务发生时点晚于政府会计制度及相关政府会计准则确认收入时点的情况进行说明。

当按照增值税制度确认增值税纳税义务发生时点晚于按照政府会计制度及相关政府会计准则确认收入时点时,财务会计对销售资产或提供服务的收入进行确认时,对待转销项税额进行核算,待实际发生纳税义务时再确认应交增值税销项税额;预算会计对纳入部门预算管理的现金流入进行核算。

一、财务会计核算

单位在销售资产或提供服务时,应当按照应收或实际收到的金额,借记"应收账款""应收票据""银行存款"等科目;按照确认的收入金额,贷记"经营收入""事业收入"等科目;按照现行增值税规定计算的销项税额,贷记"应交增值税——待转销项税额"科目,待实际发生纳税义务时再转入"应交增值税——应交税金(销项税额)"科目或"应交增值税(简易计税)"科目。发生销售退回的,应根据按照规定开具的红字增值税专用发票做相反的会计分录。

二、预算会计核算

单位销售资产或提供服务时,在实际收到款项时,按照实际收到的金额,借记"资金结存"等科目,贷记"事业预算收入""经营预算收入"等科目。

例61-1

某事业单位为增值税一般纳税人,20×9年6月20日签订提供体育技术服务的合同,并于6月25日完成合同约定的服务。7月2日收到款项并开具增值税专用发票,服务价款为50 000元,增值税额为3 000元。

(1)6月25日。

财务会计账务处理如下。

借:应收账款　　　　　　　　　　　　53 000
　　贷:事业收入　　　　　　　　　　　　50 000
　　　　应交增值税——待转销项税额　　　 3 000

由于此时不涉及纳入部门预算管理的现金收支，预算会计不做账务处理。

（2）7月2日。

财务会计账务处理如下。

借：银行存款　　　　　　　　　　　53 000
　　贷：应收账款　　　　　　　　　　　　53 000
借：应交增值税——待转销项税额　　3 000
　　贷：应交增值税——应交税金（销项税额）　3 000

预算会计账务处理如下。

借：资金结存——货币资金　　　　　53 000
　　贷：事业预算收入　　　　　　　　　　53 000

十二、专用基金

政府会计实务 100 问之第 62 问：
专用基金相关业务在财务会计中应如何核算

《政府会计制度》中，财务会计的"专用基金"科目核算事业单位按照规定提取或设置的具有专门用途的净资产，主要包括职工福利基金、科技成果转换基金等。专用基金相关业务主要包括专用基金的提取、设置以及使用。

一、提取专用基金

根据现行《事业单位财务规则》及各行业事业单位财务制度等的规定，专用基金应当按照相关结余或收入的一定比例提取。需要注意的是，这里的结余和收入基于收付实现制基础的预算口径，因此，提取金额应当以预算会计的相关结余和预算收入金额为基础计算。

（一）以相关结余为基础提取专用基金

年末，根据有关规定从本年度非财政拨款结余或经营结余中提取专用基金的，按照预算会计下计算的提取金额，借记"本年盈余分配"科目，贷记"专用基金"科目。

（二）以相关预算收入为基础提取专用基金

根据有关规定从收入中提取专用基金并计入费用的，一般按照预算会计下基于预算收入计算提取的金额，借记"业务活动费用"等科目，贷记"专用基金"科目。国家另有规定的，从其规定。

二、设置专用基金

根据有关规定设置的其他专用基金，按照实际收到的基金金额，借记"银行存款"等科目，贷记"专用基金"科目。

三、使用专用基金

按照规定使用提取的专用基金时，账务处理需要按照使用用途区分两种情形。

（1）不用以购置固定资产、无形资产的，需要按专用基金形成方式采用不同的账务处理方法。

如果使用从结余中提取的专用基金，应当在财务会计下借记"业务活动费用"等费用科目，贷记"银行存款"等科目，并在有关费用科目的明细核算或辅助核算中注明"使用专用基金"；同时，在预算会计下借记"事业支出"等预算支出科目，贷记"资金结存"科目，并在有关预算支出科目的明细核算或辅助核算中注明"使用专用结余"。在期末，应当将有关费用中使用专用基金的本期发生额转入专用基金，在财务会计下借记"专用基金"科目，贷记"业务活动费用"等科目；在年末将有关预算支出中使用专用结余的本年发生额转入专用结余，在预算会计下借记"专用结余"科目，贷记"事业支出"等科目。

如果使用从收入中提取或设置的专用基金，借记"专用基金"科目，贷记"银行存款"等科目。

（2）用以购置固定资产、无形资产的，需要确认购置的固定资产、无形资产，按照固定资产、无形资产成本金额，借记"固定资产""无形资产"科目，贷记"银行存款"等科目；同时，还应当按照相应的金额调减专用基金，调增累计盈余，按照专用基金使用金额，借记"专用基金"科目，贷记"累计盈余"科目。

政府会计实务 100 问之第 63 问：
专用基金在平行记账方式下如何进行账务处理
（提取和设置专用基金的实例说明）

《事业单位财务规则》（财政部令第 108 号）规定，专用基金是指事业单位按照规定提取或者设置的有专门用途的资金；各项专用基金的提取比例和管理办法，国家有统一规定的，按照统一规定执行，没有统一规定的，由主管部门会同同级财政部门确定。因此，在实务中，不同行业事业单位提取的具体专用基金具有行业特点，不尽相同。

《政府会计制度——行政事业单位会计科目和报表》《政府会计准则制度解释第 5 号》对专用基金的提取、设置以及使用的核算进行了规定。下面通过业务实例，对提取和设置专用基金的账务处理进行说明。

一、提取专用基金

根据相关财务规则或财务制度，专用基金提取主要包括两种方式：从相关预算结余中提取，以及从相关收入中提取。

（一）从相关预算结余中提取专用基金

《政府会计制度》规定，按照相关规定从非财政拨款结余或经营结余中提取专用基金时，按照提取金额，财务会计借记"本年盈余分配"科目，贷记"专用基金"科目；预算会计借记"非财政拨款结余分配"科目，贷记"专用结余"科目。

《事业单位财务规则》（财政部令第 108 号）规定，职工福利基金是指按照非财政拨款结余的一定比例提取或按照其他规定提取转入，用于单位职工的集体福利设施、集体福利待遇等的资金。

例63-1

某事业单位当年年末在预算会计完成相关期末结转处理后，非财政拨款结余金额为100万元，按照相关规定，单位职工福利基金的提取比例为8%[《财政部关于事业单位提取专用基金比例问题的通知》（财教〔2012〕32号）规定，事业单位职工福利基金的提取比例，在单位年度非财政拨款结余的40%以内核定]，则该单位年末提取职工福利基金的金额为100×8%=8（万元）。账务处理如下。

财务会计账务处理如下。

借：本年盈余分配　　　　　　　　　　　　80 000
　　贷：专用基金　　　　　　　　　　　　　　80 000

预算会计账务处理如下。

借：非财政拨款结余分配　　　　　　　　　　　80 000

　　贷：专用结余　　　　　　　　　　　　　　　　80 000

（二）从相关收入中提取专用基金

《政府会计制度》规定，按照相关规定从收入中提取专用基金时，财务会计按照提取金额，借记"业务活动费用"等科目，贷记"专用基金"科目；预算会计不做账务处理。

据《普通本科高校、高等职业学校国家励志奖学金管理暂行办法》以及《普通本科高校、高等职业学校国家助学金管理暂行办法》的规定，高校应按照国家有关规定，设置学生奖助基金，从事业收入中足额提取 4%～6% 的经费用于资助家庭经济困难学生。

 例63-2

　　某高校年度事业预算收入为60 000万元，按照相关规定，提取学生奖助基金比例为4%，则该校年末提取学生奖助基金的金额为60 000×4%=2 400（万元）。账务处理如下。（单位：万元）

财务会计账务处理如下。

借：业务活动费用　　　　　　　　　　　　　　2 400

　　贷：专用基金　　　　　　　　　　　　　　　　2 400

预算会计不做账务处理。

二、按有关规定设置的其他专用基金

《政府会计制度》规定，按照相关规定设置的其他专用基金，财务会计按照实际收到的基金金额，借记"银行存款"等科目，贷记"专用基金"科目；预算会计不做账务处理。

 例63-3

　　某企业在某高校设置永久性保留本金的奖学金基金（留本基金），高校在收到奖学金基金款100万元时，其账务处理如下。（单位：万元）

财务会计账务处理如下。

借：银行存款　　　　　　　　　　　　　　　　100

　　贷：专用基金　　　　　　　　　　　　　　　　100

预算会计不做账务处理。

政府会计实务 100 问之第 64 问：
专用基金在平行记账方式下如何进行账务处理
（使用专用基金的实例说明）

专用基金按照形成方式分为：从收入中计提、从结余中计提和设置专用基金。专用基金使用用途分为：用于购置固定资产、无形资产和不用于购置固定资产、无形资产两类。

财务会计中，使用专用基金用于购置固定资产、无形资产时，使用三类方式形成的专用基金采用统一的账务处理方式；使用专用基金不是用于购置固定资产、无形资产时，使用从收入中计提和设置的专用基金的账务处理相同，使用从结余中提取的专用基金需要按照《政府会计准则制度解释第 5 号》的规定进行账务处理。

预算会计中，根据专用基金形成方式采用不同账务处理：使用设置的专用基金，不进行账务处理；使用从收入中提取和从结余中提取的专用基金时，应当确认预算支出；使用从结余中提取的专用基金期末还需要按照《政府会计准则制度解释第 5 号》的规定，将使用时计入事业支出的金额转入专用结余。

一、不用于购置固定资产、无形资产的

（一）使用从结余中提取的专用基金

例64-1

某事业单位使用从非财政拨款结余中提取的职工福利基金支付业务人员福利待遇支出2万元。

① 使用专用基金时

财务会计账务处理如下。

借：业务活动费用——使用专用基金 20 000
  贷：银行存款   20 000

预算会计账务处理如下。

借：事业支出——使用专用结余   20 000
  贷：资金结存——货币资金   20 000

② 期末

财务会计账务处理如下。

```
借：专用基金                            20 000
    贷：业务活动费用——使用专用基金      20 000
```
预算会计账务处理如下。
```
借：专用结余                            20 000
    贷：事业支出——使用专用结余          20 000
```

（二）使用从收入中提取或设置的专用基金

使用从收入中提取或设置的专用基金，财务会计借记"专用基金"科目，贷记"银行存款"等科目。使用从收入中提取的专用基金，预算会计借记"事业支出"科目，贷记"资金结存"科目；使用设置的专用基金，预算会计不进行账务处理。

例64-2

某高校使用从事业收入中提取的学生奖助基金资助家庭经济困难学生，使用银行存款支出金额500 000元。

财务会计账务处理如下。
```
借：专用基金                            500 000
    贷：银行存款                        500 000
```
预算会计账务处理如下。
```
借：事业支出                            500 000
    贷：资金结存——货币资金              500 000
```

二、用于购置固定资产、无形资产的

例64-3

某事业单位使用职工福利基金购置集体福利设施，设施购置价款50 000元，安装费用10 000元。

财务会计账务处理如下。
```
借：固定资产                            60 000
    贷：银行存款                        60 000
借：专用基金                            60 000
    贷：累计盈余                        60 000
```
预算会计账务处理如下。
```
借：事业支出                            60 000
    贷：资金结存——货币资金              60 000
```

十三、无偿调拨

政府会计实务 100 问之第 65 问：
单位无偿调入或调出非现金资产业务如何核算

行政事业单位按照规定无偿调入、调出非现金资产（如存货、长期股权投资、固定资产、无形资产、政府储备物资、文物文化资产、公共基础设施、保障性住房等）时，财务会计中，对无偿调入或调出非现金资产所引起的净资产变动金额通过"无偿调拨净资产"科目核算；预算会计中，对单位无偿调入、调出非现金资产过程中发生的纳入部门预算管理的相关支出通过"其他支出"科目核算。

一、无偿调入非现金资产业务

（一）财务会计账务处理

单位按照规定取得无偿调入的非现金资产时，调入资产的入账成本应按照其在调出方的账面价值加上调入过程中发生的归属于调入方的相关税费、运输费等确定，借记相关资产类科目；同时，按照调入过程中发生的归属于单位的相关费用，贷记"零余额账户用款额度""银行存款"等科目；按照其差额，贷记"无偿调拨净资产"科目。调入单位的净资产增加金额即为调入资产在调出方的账面价值。

（二）预算会计账务处理

在调入过程中发生的纳入部门预算管理的归属于单位的相关支出，按照实际支付金额，借记"其他支出"科目，贷记"资金结存"等科目。

二、无偿调出非现金资产业务

（一）财务会计账务处理

单位按照规定无偿调出非现金资产时，单位应根据调出资产的账面价值，借记"无偿调拨净资产"科目；按调出资产已计提的折旧或摊销金额（调出资产为固定资产、无形资产、公共基础设施、保障性住房等时），借记相应的折旧或摊销科目；按照调出资产的账面余额，贷记相应资产类科目；同时，按照调出过程中发生的归属于单位的相关费用，借记"资产处置费用"科目，贷记"零余额账户用款额度""银行存款"等科目。调出单位的净资产减少金额即为调出资产的账面价值。

（二）预算会计账务处理

在预算会计中，在调出过程中发生的纳入部门预算管理的归属于调出方的相关支出，按照实际支付金额，借记"其他支出"科目，贷记"资金结存"等科目。

例65-1

20×9年，甲事业单位接受其他事业单位无偿调入的物资一批，根据调出单位提供的相关凭证，该批物资在调出方的账面价值为200万元，甲单位承担调入过程中运输费10万元，以银行存款支付。

财务会计账务处理如下。（单位：万元）

```
借：库存物品                      210
    贷：无偿调拨净资产                  200
        银行存款                       10
```

预算会计账务处理如下。（单位：万元）

```
借：其他支出                       10
    贷：资金结存——货币资金             10
```

例65-2

20×9年，甲事业单位无偿调出一项固定资产，甲单位该固定资产的账面原值为300万元，已计提折旧20万元，甲单位承担调出过程中运输费10万元，以零余额账户用款额度支付。

财务会计账务处理如下。（单位：万元）

```
借：无偿调拨净资产                 280
    固定资产累计折旧                 20
    贷：固定资产                       300
借：资产处置费用                   10
    贷：零余额账户用款额度              10
```

预算会计账务处理如下。（单位：万元）

```
借：其他支出                       10
    贷：资金结存——零余额账户用款额度    10
```

政府会计实务 100 问之第 66 问：
单位对外捐赠和无偿调出库存物品如何进行核算

一、单位对外捐赠库存物品

经批准对外捐赠库存物品时，财务会计中，按照库存物品的账面余额和对外捐赠过程中发生的归属于捐出方的相关费用合计数，借记"资产处置费用"科目；按照库存物品账面余额，贷记"库存物品"科目；按照对外捐赠过程中发生的归属于捐出方的相关费用，贷记"银行存款"等科目。预算会计中，按照实际支付的归属于捐出方的相关费用，借记"其他支出"科目，贷记"资金结存"科目。

二、单位无偿调出库存物品

经批准无偿调出库存物品时，财务会计中，按照库存物品的账面余额，借记"无偿调拨净资产"科目，贷记"库存物品"科目；同时，按照无偿调出过程中发生的归属于调出方的相关费用，借记"资产处置费用"科目，贷记"银行存款"等科目。预算会计中，按照实际支付的归属于调出方的相关费用，借记"其他支出"科目，贷记"资金结存"科目。

例66-1

某单位经批准向希望小学捐赠了一批物资，该批物资账面余额为50 000元，捐赠过程中以银行存款支付了相关税费500元。

（1）财务会计账务处理如下。

借：资产处置费用　　　　　　　　　　　50 500
　　贷：库存物品　　　　　　　　　　　　50 000
　　　　银行存款　　　　　　　　　　　　　 500

（2）预算会计账务处理如下。

借：其他支出　　　　　　　　　　　　　　 500
　　贷：资金结存　　　　　　　　　　　　　 500

例66-2

某单位经批准向当地一所高校无偿调拨一批办公用品，该批办公用品的账面余额为50 000元，调出过程中以银行存款支付相关税费300元。

（1）财务会计账务处理如下。

借：无偿调拨净资产　　　　　　　　50 000

　　贷：库存物品　　　　　　　　　　　50 000

借：资产处置费用　　　　　　　　　300

　　贷：银行存款　　　　　　　　　　　300

（2）预算会计账务处理如下。

借：其他支出　　　　　　　　　　　300

　　贷：资金结存　　　　　　　　　　　300

政府会计实务 100 问之第 67 问:
无偿调入资产在调出方账面价值为零时，调入方如何进行账务处理

按照《政府会计准则制度解释第 1 号》规定，单位（调入方）接受其他政府会计主体无偿调入的固定资产、无形资产、公共基础设施等资产，其成本按照调出方的账面价值加上相关税费确定。但是，无偿调入资产在调出方的账面价值为零（即已经按制度规定提足折旧）的，单位（调入方）应当将调入过程中其承担的相关税费计入当期费用，不计入调入资产的初始入账成本。财务会计根据该资产在调出方的账面余额和已计提的折旧或摊销金额进行确认入账，并对在调入过程中发生的相关税费进行核算；预算会计主要对纳入部门预算管理的现金流出进行核算。

一、财务会计核算

单位（调入方）应当按照该项资产在调出方的账面余额，借记"固定资产""无形资产"等科目；按照该项资产在调出方已经计提的折旧或摊销金额（与资产账面余额相等），贷记"固定资产累计折旧""无形资产累计摊销"等科目；按照实际支付的相关税费，借记"其他费用"科目，贷记"零余额账户用款额度""银行存款"等科目。

二、预算会计核算

单位（调入方）按照实际支付的相关税费，借记"其他支出"科目，贷记"资金结存"等科目。

例67-1

X事业单位接受无偿调入的一项固定资产，在调出方账面上，该项固定资产的账面余额为200万元，已计提折旧200万元，X事业单位承担调入过程中运输费1万元，用零余额账户用款额度支付。

财务会计账务处理如下。

（1）固定资产入账。

借：固定资产　　　　　　　　　　　　　2 000 000

　　贷：固定资产累计折旧　　　　　　　　　2 000 000

（2）相关税费核算。

借：其他费用　　　　　　　　　　　　10 000

　　贷：零余额账户用款额度　　　　　　　10 000

预算会计账务处理如下。

借：其他支出　　　　　　　　　　　　10 000

　　贷：资金结存——零余额账户用款额度　　10 000

十四、资金调入、调出、上缴、缴回

政府会计实务 100 问之第 68 问:
单位调入、调出、上缴、缴回结转结余资金应该如何核算

单位调入、调出、上缴、缴回结转结余资金时,在财务会计中,通过"累计盈余"科目核算;在预算会计中,根据资金性质通过相应预算结余类科目核算。

一、调入财政拨款结转资金

单位按照规定从其他单位调入财政拨款结转资金时,在财务会计中,按照实际调入金额,借记"零余额账户用款额度""银行存款"等科目,贷记"累计盈余"科目;在预算会计中,按照实际调入金额,借记"资金结存"科目,贷记"财政拨款结转——归集调入"科目。

例68-1

某单位从其他单位调入财政拨款结转资金100万元,其账务处理如下。(单位:万元)

财务会计账务处理如下。

借:零余额账户用款额度等　　　　100
　　贷:累计盈余　　　　　　　　　　100

预算会计账务处理如下。

借:资金结存　　　　　　　　　　100
　　贷:财政拨款结转——归集调入　　100

二、上缴、缴回、调出结转结余资金

单位按照规定上缴财政拨款结转结余资金、缴回非财政拨款结转资金、向其他单位调出财政拨款结转资金时,在财务会计中,按照实际上缴、缴回、调出金额,借记"累计盈余"科目,贷记"财政应返还额度""零余额账户用款额度""银行存款"等科目;在预算会计中,按照实际上缴、缴回、调出金额,借记"财政拨款结转——归集上缴""财政拨款结余——归集上缴""非财政拨款结转——缴回资金""财政拨款结转——归集调出"等科目,贷记"资金结存"科目。

例68-2

某单位按照规定上缴财政拨款结余资金100万元，其账务处理如下。(单位：万元)

财务会计账务处理如下。

借：累计盈余　　　　　　　　　　　100

　　贷：零余额账户用款额度等　　　　　　100

预算会计财务处理如下。

借：财政拨款结余——归集上缴　　　100

　　贷：资金结存　　　　　　　　　　　100

 例68-3

某单位按照规定向原资金拨入单位缴回非财政拨款结转资金50万元，以银行存款方式支付，其账务处理如下。(单位：万元)

财务会计账务处理如下。

借：累计盈余　　　　　　　　　　　50

　　贷：银行存款　　　　　　　　　　　50

预算会计账务处理如下。

借：非财政拨款结转——缴回资金　　50

　　贷：资金结存　　　　　　　　　　　50

例68-4

某单位向其他单位调出财政拨款结转资金80万元，其账务处理如下。(单位：万元)

财务会计账务处理如下。

借：累计盈余　　　　　　　　　　　80

　　贷：零余额账户用款额度等　　　　　　80

预算会计账务处理如下。

借：财政拨款结转——归集调出　　　80

　　贷：资金结存　　　　　　　　　　　80

十五、收入

政府会计实务 100 问之第 69 问：
事业单位在确定"财政拨款收入""事业收入""非同级财政拨款收入"科目核算范围时应注意哪些问题

实务中，在确定"财政拨款收入""事业收入""非同级财政拨款收入"科目的核算范围时，不能仅依据收入来源主体，还需要依据业务实质进行判断。

（1）"财政拨款收入"科目核算单位从同级政府财政部门取得的各类财政拨款。单位在收到来自同级政府财政部门的拨款时，应当判断其是否符合纳入单位当期财政拨款收入的标准。以下两种特殊情形需要注意。

① 同级政府财政部门预拨的下期预算款和没有纳入预算的暂付款项，虽然拨款来自同级政府财政部门，但其不属于单位当期的预算拨款。因此，在收到时，不确认为财政拨款收入，应通过"其他应付款"科目核算。在进入对应的下一预算期或批准纳入预算时，再将其确认为财政拨款收入，借记"其他应付款"科目，贷记"财政拨款收入"科目。

② 同级政府财政部门采用实拨资金方式通过本单位转拨给下属单位的财政拨款，不属于单位的预算收入。因此，不能确认为财政拨款收入，应通过"其他应付款"科目核算。

（2）"事业收入"科目核算事业单位开展专业业务活动及其辅助活动实现的收入。需要注意的是，其不包括从同级政府财政部门取得的各类财政拨款，但包括因开展专业业务活动及其辅助活动从非同级政府财政部门取得的经费，具体核算如下。

① 同级政府财政部门的财政拨款中用于事业单位开展专业业务活动及其辅助活动的部分，通过"财政拨款收入"科目核算，不通过"事业收入"科目核算。

② 因开展专业业务活动及其辅助活动从非同级政府财政部门取得的经费，应当计入单位事业收入，在"事业收入"科目下设置"非同级财政拨款"明细科目进行核算。

（3）"非同级财政拨款收入"科目核算单位从非同级政府财政部门取得的经费拨款，但如上所述，不包括事业单位因开展专业业务活动及其辅助活动从非同级政府财政部门取得的经费，其应当计入事业单位的事业收入。这要求事业单位对来自非同级财政部门的拨款，应该根据性质进行辨识与核算。

政府会计实务 100 问之第 70 问：
单位取得的租金收入如何进行核算

租金收入是指单位经批准利用国有资产出租取得并按照规定纳入本单位预算管理的收入。财务会计主要对不同方式下取得的租金收入进行核算，预算会计主要对取得租金收入时发生的纳入单位预算管理的现金流入进行核算。

一、财务会计核算

单位取得的租金收入通过"租金收入"科目核算，反映单位本期经批准利用国有资产出租取得并按规定纳入本单位预算管理的租金收入。其账务处理如下。

（1）采用预收租金方式。预收租金时，按照收到的金额，借记"银行存款"等科目，贷记"预收账款"科目；每期确认租金收入时，按照各期租金金额，借记"预收账款"科目，贷记"租金收入"科目。

（2）采用后付租金方式。每期确认租金收入时，按照各期租金金额，借记"应收账款"科目，贷记"租金收入"科目；收到租金时，按照实收金额，借记"银行存款"等科目，贷记"应收账款"科目。

（3）采用分期收取租金方式。每期按照实际收取的租金金额，借记"银行存款"等科目，贷记"租金收入"科目。

二、预算会计核算

在预算会计中，单位的租金收入通过"其他预算收入"科目核算。单位发生的租金预算收入金额较大或业务较多的，可单独设置"租金预算收入"科目。其账务处理如下。

（1）采用预收租金方式。预收租金时，按照收到的金额，借记"资金结存——货币资金"科目，贷记"其他预算收入"科目；每期确认租金收入时，不做账务处理。

（2）采用后付租金方式。每期确认租金收入时，不做账务处理；收到租金时，按照实际收到的金额，借记"资金结存——货币资金"科目，贷记"其他预算收入"科目。

（3）采用分期收取租金方式。每期收取租金时，按照租金金额，借记"资金结存——货币资金"科目，贷记"其他预算收入"科目。

例70-1

　　某事业单位20×9年1月1日采用预收款方式对外出租房屋1栋，租期为1年，预收全年租金，租金总额为120 000元。

（1）1月1日收到承租人支付的租金。

财务会计账务处理如下。

借：银行存款　　　　　　　　　　　　120 000
　　贷：预收账款　　　　　　　　　　　　120 000

预算会计账务处理如下。

借：资金结存——货币资金　　　　　　120 000
　　贷：其他预算收入——租金收入　　　　120 000

（2）每个月末按直线法确认租金收入。

财务会计账务处理如下。

借：预收账款　　　　　　　　　　　　10 000
　　贷：租金收入　　　　　　　　　　　　10 000

此时没有现金流入，预算会计不做账务处理。

例70-2

　　某事业单位20×9年1月1日采用后付租金方式对外出租设备1台，租期为1年，年底收到租金总额60 000元。

（1）每个月末确认租金收入。

财务会计账务处理如下。

借：应收账款　　　　　　　　　　　　5 000
　　贷：租金收入　　　　　　　　　　　　5 000

此时没有现金流入，预算会计不做账务处理。

（2）年底收到租金。

财务会计账务处理如下。

借：银行存款　　　　　　　　　　　　60 000
　　贷：应收账款　　　　　　　　　　　　60 000

预算会计账务处理如下。

借：资金结存——货币资金　　　　　　60 000
　　贷：其他预算收入——租金收入　　　　60 000

政府会计实务 100 问之第 71 问：
事业单位对采用财政专户返还方式管理的事业收入如何核算

对于采用财政专户返还方式管理的事业收入，财务会计需要在实现事业收入、上缴财政及收到返还款项时进行核算；预算会计仅需要在收到从财政专户返还的款项时进行核算。

一、财务会计核算

（1）在实现应上缴财政专户的事业收入时，按照实际收到或应收的金额，借记"银行存款""应收账款"等科目，贷记"应缴财政款"科目。

（2）在向财政专户上缴款项时，按照实际上缴的款项金额，借记"应缴财政款"科目，贷记"银行存款"等科目。

（3）在收到从财政专户返还的事业收入时，按照实际收到的返还金额，借记"银行存款"等科目，贷记"事业收入"科目。

二、预算会计核算

对于采用财政专户返还方式管理的事业收入，在收到从财政专户返还的款项时，按照实际收到的返还金额，借记"资金结存——货币资金"等科目，贷记"事业预算收入"科目。

 例71-1

某事业单位采用财政专户返还方式管理事业收入，2月5日该单位因开展专业业务活动收到银行存款20 000元，2月20日将该笔事业收入上缴财政专户，3月7日收到从财政专户返还的事业收入20 000元。

（1）2月5日收到银行存款时。

财务会计账务处理如下。

借：银行存款　　　　　　　　　　　　　20 000

　　贷：应缴财政款　　　　　　　　　　20 000

由于此时不涉及纳入部门预算管理的现金收支，预算会计不做账务处理。

（2）2月20日上缴财政专户时。

财务会计账务处理如下。

借：应缴财政款   20 000

    贷：银行存款   20 000

由于此时不涉及纳入部门预算管理的现金收支，预算会计不做账务处理。

（3）3月7日收到从财政专户返还的事业收入时。

财务会计账务处理如下。

借：银行存款   20 000

    贷：事业收入   20 000

预算会计账务处理如下。

借：资金结存——货币资金   20 000

    贷：事业预算收入   20 000

十六、购货退回

政府会计实务 100 问之第 72 问：
单位发生当年购货退回业务时如何进行核算

单位发生当年购货退回业务时，在财务会计中应区分已经领用与尚未领用物资两种情况，对已确认的费用或物资的账面余额进行冲销；预算会计主要对该项业务中纳入单位预算管理的现金收支进行核算。

一、财务会计核算

退回的物资已经被单位领用的，按照退货收回或应收的金额，借记"财政拨款收入""零余额账户用款额度""银行存款""其他应收款"等科目，贷记"业务活动费用""单位管理费用""经营费用"等科目。

退回的物资尚未被单位领用的，按照退货收回或应收的金额，借记"财政拨款收入""零余额账户用款额度""银行存款""其他应收款"等科目，贷记"库存物品"等科目。

借：财政拨款收入/零余额账户用款额度/银行存款/其他应收款等
　　贷：业务活动费用/单位管理费用/经营费用/库存物品等

二、预算会计核算

在预算会计中，按照实际退回的金额，借记"财政拨款预算收入""资金结存"等科目，贷记"行政支出""事业支出""经营支出"等科目。

借：财政拨款预算收入/资金结存等
　　贷：行政支出/事业支出/经营支出等

例72-1

20×9年年初，某事业单位购入一批用于专业业务活动的材料，材料款以银行存款支付。20×9年3月，单位发现此批购入的部分材料存在质量问题，其中价值2 000元的材料已领用，价值3 000元的材料还在仓库里。单位将此部分存在质量问题的材料退回给供货商，供货商退回款项5 000元。

财务会计账务处理如下。

借：银行存款　　　　　　　　　　　　　　　　5 000
　　贷：业务活动费用　　　　　　　　　　　　　2 000
　　　　库存物品　　　　　　　　　　　　　　　3 000

预算会计账务处理如下。

借：资金结存——货币资金　　　　　　　　　　5 000
　　贷：事业支出　　　　　　　　　　　　　　　5 000

政府会计实务 100 问之第 73 问：
单位发生以前年度购货退回业务时如何进行核算

　　与本年度购货退回业务相比，以前年度购货退回业务账务处理为：对以前年度已计入财务会计费用相关科目的部分，需要通过"以前年度盈余调整"科目进行调整，对以前年度已计入预算会计预算支出相关科目的部分，需要通过预算结余类科目进行调整；如果退回国库直接支付款项，财务会计应借记"财政应返还额度"科目，预算会计应借记"资金结存——财政应返还额度"科目。

一、财务会计核算

　　退回的货物已经被单位领用的，按照退货收回或应收的金额，借记"财政应返还额度""零余额账户用款额度""银行存款""其他应收款"等科目，贷记"以前年度盈余调整"科目。

　　退回的货物尚未被领用的，按照退货收回或应收的金额，借记"财政应返还额度""零余额账户用款额度""银行存款""其他应收款"等科目，贷记"库存物品"科目。

　　借：财政应返还额度/零余额账户用款额度/银行存款/其他应收款等
　　　　贷：以前年度盈余调整/库存物品等

二、预算会计核算

　　在预算会计中，按照实际退回的金额，借记"资金结存——财政应返还额度/零余额账户用款额度/货币资金"科目，贷记"财政拨款结转""财政拨款结余""非财政拨款结转""非财政拨款结余"等科目。

　　借：资金结存——财政应返还额度/零余额账户用款额度/货币资金
　　　　贷：财政拨款结转/财政拨款结余/非财政拨款结转/非财政拨款结余等

例73-1

　　20×8年年末，某事业单位使用财政专项资金购入一批用于专业业务活动的材料，材料款以财政直接支付方式支付。20×9年3月，单位发现此批购入的部分材料存在质量问题，其中价值4 000元的材料于20×8年末领用，价值5 000元的材料还在仓库里。单位将此部分存在质量问题的材料退回给供货商，供货商退回相应的国库直接支付款项9 000元。

财务会计账务处理如下。

借：财政应返还额度——财政直接支付　　　　9 000

　　贷：库存物品　　　　　　　　　　　　　　　5 000

　　　　以前年度盈余调整　　　　　　　　　　　4 000

预算会计账务处理如下。

借：资金结存——财政应返还额度　　　　　　9 000

　　贷：财政拨款结转——年初余额调整　　　　　9 000

十七、公务卡

政府会计实务 100 问之第 74 问：
单位对公务卡相关业务如何进行账务处理（一）

在单位负责向银行偿还公务卡欠款的情况下，公务卡相关业务主要包括：向银行偿还公务卡欠款和公务卡持卡人报销。两个业务在发生次序上可能存在两种情况：①向银行偿还公务卡欠款时公务卡持卡人还未报销；②公务卡持卡人报销时还未向银行偿还公务卡欠款。下面对第一种情况的账务处理进行说明。

一、财务会计核算

单位偿还尚未报销的本单位公务卡欠款时，按照偿还的款项，借记"其他应收款"科目，贷记"零余额账户用款额度""银行存款"等科目；持卡人报销时，按照报销金额，借记"业务活动费用""单位管理费用"等科目，贷记"其他应收款"科目。

二、预算会计核算

单位偿还尚未报销的本单位公务卡欠款时，预算会计不进行账务处理；单位公务卡持卡人报销时，按照实际报销金额，借记"行政支出""事业支出"等科目，贷记"资金结存"科目。

例74-1

20×9年5月25日，某事业单位用银行存款偿还到期的单位公务卡欠款30 000元。5月29日，单位公务卡持卡人持有关票据报销因开展专业业务活动发生的相关费用30 000元。

（1）偿还公务卡欠款。

财务会计账务处理如下。

借：其他应收款	30 000	
贷：银行存款		30 000

预算会计不做账务处理。

（2）单位公务卡持卡人报销。

财务会计账务处理如下。

借：业务活动费用	30 000	
贷：其他应收款		30 000

预算会计账务处理如下。

借：事业支出	30 000	
贷：资金结存——货币资金		30 000

政府会计实务 100 问之第 75 问：
单位对公务卡相关业务如何进行账务处理（二）

下面对公务卡持卡人报销时还未向银行偿还公务卡欠款的账务处理进行说明。

一、财务会计核算

本单位公务卡持卡人报销时，按照审核报销的金额，借记"业务活动费用""单位管理费用"等科目，贷记"其他应付款"科目；单位偿还公务卡欠款时，借记"其他应付款"科目，贷记"零余额账户用款额度"等科目。

二、预算会计核算

本单位公务卡持卡人报销时，预算会计不进行账务处理；单位偿还公务卡欠款时，按照实际偿还的金额，借记"行政支出""事业支出"等科目，贷记"资金结存"科目。

例75-1

20×9年4月，某事业单位公务卡持卡人报销因开展单位管理活动发生的费用5 000元，经审核后准予报销。5月单位通过零余额账户偿还公务卡欠款。

（1）单位公务卡持卡人报销。

财务会计账务处理如下。

借：单位管理费用   5 000

  贷：其他应付款   5 000

预算会计不做账务处理。

（2）偿还公务卡欠款。

财务会计账务处理如下。

借：其他应付款   5 000

  贷：零余额账户用款额度   5 000

预算会计账务处理如下。

借：事业支出   5 000

  贷：资金结存——零余额账户用款额度 5 000

十八、双系统、双基础

政府会计实务 100 问之第 76 问：
单位发生的所有现金流入流出业务是否都需要在预算会计中进行账务处理

　　《政府会计制度》第一部分"总说明"第五条第三款规定："单位对于纳入部门预算管理的现金收支业务，在采用财务会计核算的同时应当进行预算会计核算；对于其他业务，仅需进行财务会计核算。"这一款明确了预算会计核算的经济业务范围。根据这一规定，实务中经济业务是否需要在预算会计中核算，可以按照以下两个层次判断：第一个层次是，该业务是否是现金收支业务，如果不是，则不需要进行预算会计核算，仅在财务会计中核算；第二个层次是，如果该业务是现金收支业务，则进一步判断这一收支业务是否纳入部门预算管理，如果纳入，则在预算会计中核算。

　　实务中，单位现金收支业务大部分纳入预算管理，需要在预算会计中核算。典型的不纳入预算管理的现金收支业务包括：货币资金形式受托代理资产业务、应缴财政款业务、暂收款业务等。

　　单位收到货币资金形式的受托代理资产，其所有权、控制权仍归属原单位，不属于单位的预算收入，因此不纳入单位预算收入核算。

　　单位收到资金的时候即能确认此笔资金应上缴财政，这笔流入资金就明确不归属于单位，因此，不纳入单位预算收入核算。这一情形，在高校收到应上缴财政的学费、单位处置资产取得应上缴财政的资金净流入等业务中体现得非常清楚。

　　单位收到同级财政部门预拨的下期预算款和没有纳入预算的暂付款项时，资金虽然流入，但流入资金不归属当期的预算收入。因此，在收到款项时，预算会计不进行账务处理，在财务会计中，通过"其他应付款"科目核算。待进入对应的下一预算期或批准纳入预算时，此笔款项符合纳入单位当期预算收入的标准，在预算会计中确认预算收入。这两种情形与货币资金形式受托代理资产业务和应缴财政款业务的处理有所不同：其在资金流入时不符合在预算会计中核算的要求，预算会计不做账务处理；但在后期达到纳入当期预算管理的标准时，在预算会计中确认预算收入，虽然此时并没有发生资金的流入。这一情形的特殊性表现为，预算会计确认预算收入的时点与资金实际流入时点存在差异。

　　在实际业务中，不同行业的单位还可能存在各种其他类似的不应在预算会计中核算的资金流入流出业务，单位只有透彻理解纳入预算管理的概念和标准，才能准确把握预算会计核算范围，作出正确的专业判断。

政府会计实务 100 问之第 77 问：
预算会计要素的预算收入与财务会计要素的收入的区别是什么

预算会计的预算收入是指政府会计主体在预算年度内依法取得的并纳入预算管理的现金流入。预算收入以收付实现制为基础，一般在实际收到时予以确认，以实际收到的金额计量。财务会计的收入是指报告期内导致政府会计主体净资产增加的、含有服务潜力或者经济利益的经济资源的流入。收入以权责发生制为基础，确认应当同时满足以下条件：与收入相关的含有服务潜力或者经济利益的经济资源很可能流入政府会计主体；含有服务潜力或者经济利益的经济资源流入会导致政府会计主体资产增加或者负债减少；流入金额能够可靠地计量。

在实务中，预算收入与收入确认不一致的情形分为两类：第一类为确认预算收入但不同时确认收入；第二类为确认收入但不同时确认预算收入。

确认预算收入但不同时确认收入的业务发生了纳入预算管理的现金流入，但在权责发生制下并不将其确认为收入，如收到应收款项确认的预算收入、收到预收账款确认的预算收入，以及取得借款确认的预算收入等。

确认收入但不同时确认预算收入的业务发生了在权责发生制下应确认的收入，但没有发生纳入部门预算管理的现金流入，如应收款项确认的收入、预收账款确认的收入、接受非货币性资产捐赠确认的收入等。

政府会计实务 100 问之第 78 问:
预算会计要素中预算支出与财务会计要素中费用的区别是什么

　　预算会计的预算支出是指政府会计主体在预算年度内依法发生并纳入预算管理的现金流出。预算支出以收付实现制为基础,一般在实际支付时予以确认,以实际支付的金额计量。政府财务会计中的费用是指报告期内导致政府会计主体净资产减少的、含有服务潜力或者经济利益的经济资源的流出。费用以权责发生制为基础,确认应该同时满足以下条件:与费用相关的含有服务潜力或者经济利益的经济资源很可能流出政府会计主体;含有服务潜力或者经济利益的经济资源流出会导致政府会计主体资产减少或者负债增加;流出金额能够可靠地计量。

　　在实务中,预算支出与费用确认不一致的情形分为两类:第一类为确认预算支出但不同时确认费用;第二类为确认费用但不同时确认预算支出。

　　确认预算支出但不同时确认费用的业务发生了纳入部门预算管理的现金流出,但在权责发生制下并不将其确认为费用,如支付应付款项的支出,支付预付账款的支出,为取得存货、政府储备物资等计入物资成本的支出,为购建固定资产等的资本性支出,偿还借款本金的支出等。

　　确认费用但不同时确认预算支出的业务发生了权责发生制下应确认的费用,但没有发生纳入部门预算管理的现金流出,如发出存货、政府储备物资等确认的费用,计提的折旧费用和摊销费用,确认的资产处置费用(处置资产价值),应付款项确认的费用,预付账款确认的费用等。

政府会计实务 100 问之第 79 问：
如何识别附注中要求披露的引起本年盈余与预算结余差异的事项（一）

《政府会计制度》规定，单位应当在附注中披露将年度预算收入支出表中"本年预算收支差额"调节为年度收入费用表中"本期盈余"的信息。《政府会计制度》按照重要性原则，对披露格式和内容也做了明确规定。

根据披露格式要求，单位需要识别四类形成"本年预算收支差额"和"本期盈余"差异的重要事项。这四类事项为收入与预算收入、费用与预算支出确认不一致的事项，具体包括：当期确认为收入但没有确认为预算收入、当期确认为预算收入但没有确认为收入、当期确认为费用但没有确认为预算支出、当期确认为预算支出但没有确认为费用等四类事项。下面对当期确认为收入但没有确认为预算收入的事项进行举例说明。

这一类经济事项发生时，财务会计根据权责发生制确认的收入，并没有与之对应的纳入部门预算管理的现金收入，因此，预算会计中并没有确认为预算收入。这一类经济事项的金额没有计入本年预算收支差额，但应计入本期盈余，因此，应当作为加项调节项。《政府会计制度》要求披露的这一类的重要事项包括：应收款项、预收账款确认的收入，以及接受非货币性资产捐赠确认的收入。

一、应收款项确认的收入示例

例79-1

20×9年，某事业单位开展专业业务活动实现收入10万元，到年底时款项尚未收到。

单位在财务会计中确认收入时的账务处理如下。

借：应收账款　　　　　　　　　　　　　100 000
　　贷：事业收入　　　　　　　　　　　　　100 000

预算会计不进行账务处理。

本业务形成差异金额10万元，作为本年预算收支差额的加项调节项。

二、预收账款确认的收入示例

例79-2

　　20×9年，某事业单位根据完工进度确认事业收入40万元，按合同约定，之前已收委托方预付账款100万元。

　　单位在财务会计中根据完工进度确认事业收入时的账务处理如下。

借：预收账款　　　　　　　　　　　　400 000

　　贷：事业收入　　　　　　　　　　　400 000

预算会计不进行账务处理。

本业务形成差异金额40万元，作为本年预算收支差额的加项调节项。

三、接受非货币性资产捐赠确认的收入示例

例79-3

　　20×9年，某单位接受捐赠的设备一台，未发生相关税费，该设备入账成本100万元，无须安装即可使用。

　　单位接受捐赠时在财务会计中的账务处理如下。

借：固定资产　　　　　　　　　　　1 000 000

　　贷：捐赠收入　　　　　　　　　　1 000 000

预算会计不进行账务处理。

本业务形成差异金额100万元，作为本年预算收支差额的加项调节项。

政府会计实务 100 问之第 80 问：
如何识别附注中要求披露的引起本年盈余与预算结余差异的事项（二）

下面对当期确认为预算支出但没有确认为费用的事项进行举例说明。

此类经济事项发生时，预算会计将发生的纳入部门预算管理的现金支出确认为预算支出，但财务会计根据权责发生制并不相应地确认费用，从而形成差异。此类经济事项金额计入本年预算收支差额，但没有计入本期盈余，因此，应当作为加项调节项。《政府会计制度》要求披露的此类重要事项包括：支付应付款项、预付账款的支出，为取得存货、政府储备物资等计入物资成本的支出，为购建固定资产等的资本性支出，以及偿还借款本息的支出。

一、支付应付款项、预付账款的支出示例

例80-1

20×9年，某事业单位用银行存款支付应付账款40万元，该应付账款是上年度购买开展专业业务活动所需材料形成的。

财务会计账务处理如下。

借：应付账款　　　　　　　　　　　400 000
　　贷：银行存款　　　　　　　　　　400 000

预算会计账务处理如下。

借：事业支出　　　　　　　　　　　400 000
　　贷：资金结存——货币资金　　　　400 000

本业务预算会计确认预算支出40万元，财务会计不确认费用，产生差异40万元，作为本年预算收支差额的加项调节项。

例80-2

20×9年，某事业单位购买开展专业业务活动所需材料，采用财政授权支付方式支付预付账款10万元。

财务会计账务处理如下。

借：预付账款　　　　　　　　　　　100 000
　　贷：零余额账户用款额度　　　　　100 000

预算会计账务处理如下。

借：事业支出　　　　　　　　　　　　　100 000

　　贷：资金结存——零余额账户用款额度　　100 000

本业务预算会计确认预算支出10万元，财务会计不确认费用，产生差异10万元，作为本年预算收支差额的加项调节项。

二、为取得存货、政府储备物资等计入物资成本的支出示例

例80-3

20×9年，某事业单位外购一批用于经营活动的物资，以银行存款支付购货款30万元，物资已验收入库。

财务会计账务处理如下。

借：库存物品　　　　　　　　　　　　　300 000

　　贷：银行存款　　　　　　　　　　　　300 000

预算会计账务处理如下。

借：经营支出　　　　　　　　　　　　　300 000

　　贷：资金结存——货币资金　　　　　　300 000

本业务预算会计确认预算支出30万元，财务会计不确认费用，产生差异30万元，作为本年预算收支差额的加项调节项。

三、为购建固定资产等的资本性支出示例

例80-4

20×9年，某行政单位外购一台无须安装的设备，设备价款100万元，相关运杂费1万元，以财政直接支付方式支付。

财务会计账务处理如下。

借：固定资产　　　　　　　　　　　　1 010 000

　　贷：财政拨款收入　　　　　　　　　1 010 000

预算会计账务处理如下。

借：行政支出　　　　　　　　　　　　1 010 000

　　贷：财政拨款预算收入　　　　　　　1 010 000

本业务预算会计确认预算支出101万元，财务会计不确认费用，产生差异101万元，作为本年预算收支差额的加项调节项。

四、偿还借款本息的支出示例

例80-5

某事业单位经批准于20×7年3月1日从银行借入2年期的借款50万元，年利率为5%，到期一次还本付息，于20×9年3月1日归还。

20×9年3月1日还本付息时。

财务会计账务处理如下。

借：长期借款——本金　　　　　　　　500 000
　　　　　　——应计利息　　　　　　50 000（500 000×5%×2）
　　贷：银行存款　　　　　　　　　　550 000

预算会计账务处理如下。

借：债务还本支出　　　　　　　　　　500 000
　　贷：资金结存——货币资金　　　　500 000
借：其他支出　　　　　　　　　　　　50 000
　　贷：资金结存——货币资金　　　　50 000

本业务预算会计确认预算支出55万元，财务会计不确认费用，产生差异55万元，作为本年预算收支差额的加项调节项。

政府会计实务 100 问之第 81 问:
如何识别附注中要求披露的引起本年盈余与预算结余差异的事项（三）

　　下面对当期确认为预算收入但没有确认为收入的事项进行举例说明。

　　此类经济事项发生时，预算会计将将发生的纳入部门预算管理的现金收入确认为预算收入，但财务会计根据权责发生制并不相应地确认收入，从而形成差异。此类经济事项金额计入本年预算收支差额，但没有计入本期盈余，因此，应当作为减项调节项。《政府会计制度》要求披露的此类的重要事项包括：收到应收款项、预收账款确认的预算收入，以及取得借款确认的预算收入。

一、收到应收款项确认的预算收入示例

 例81-1

　　20×9年，某事业单位收到款项80万元，该笔款项为上年度开展专业业务活动尚未收取的应收账款。按照规定，该笔款项收回后不需上缴财政。

　　财务会计账务处理如下。

借：银行存款	800 000	
贷：应收账款		800 000

　　预算会计账务处理如下。

借：资金结存——货币资金	800 000	
贷：事业预算收入		800 000

　　本业务财务会计不确认收入，预算会计确认预算收入80万元，形成差异金额80万元，作为本年预算收支差额的减项调节项。

二、收到预收账款确认的预算收入示例

 例81-2

　　20×9年，某事业单位因开展经营活动收到预收账款10万元。

　　财务会计账务处理如下。

借：银行存款	100 000	
贷：预收账款		100 000

预算会计账务处理如下。

借：资金结存——货币资金　　　　　　　　　　　100 000

　　贷：经营预算收入　　　　　　　　　　　　　　100 000

本业务财务会计不确认收入，预算会计确认预算收入10万元，形成差异金额10万元，作为本年预算收支差额的减项调节项。

三、取得借款确认的预算收入示例

例81-3

20×9年，某事业单位经批准取得银行借款50万元，期限为1年。

财务会计账务处理如下。

借：银行存款　　　　　　　　　　　　　　　　　500 000

　　贷：短期借款　　　　　　　　　　　　　　　　500 000

预算会计账务处理如下。

借：资金结存——货币资金　　　　　　　　　　　500 000

　　贷：债务预算收入　　　　　　　　　　　　　　500 000

本业务财务会计不确认收入，预算会计确认预算收入50万元，形成差异金额50万元，作为本年预算收支差额的减项调节项。

政府会计实务 100 问之第 82 问:

如何识别附注中要求披露的引起本年盈余与预算结余差异的事项(四)

下面对当期确认为费用但没有确认为预算支出的事项进行举例说明。

此类经济事项发生时,财务会计根据权责发生制确认的费用,并没有与之对应的纳入部门预算管理的现金支出,因此,预算会计中并没有确认为预算支出。这一类经济事项的金额没有计入本年预算收支差额,但应计入本期盈余,因此,应当作为减项调节项。《政府会计制度》要求披露的此类的重要事项包括:发出存货、政府储备物资等确认的费用,计提的折旧费用和摊销费用,确认的资产处置费用(处置资产价值),以及应付款项、预付账款确认的费用。

一、发出存货、政府储备物资等确认的费用示例

例82-1

20×9年,某事业单位为开展专业业务活动领用材料,该材料成本为5万元。

财务会计账务处理如下。

借:业务活动费用 50 000

　贷:库存物品 50 000

预算会计不进行账务处理。

本业务财务会计确认费用5万元,预算会计不确认预算支出,形成差异金额5万元,作为本年预算收支差额的减项调节项。

二、计提的折旧费用和摊销费用示例

例82-2

20×9年11月月末,某行政单位计提固定资产折旧10万元,折旧全部计入当期业务活动费用。

财务会计账务处理如下。

借:业务活动费用 100 000

　贷:固定资产累计折旧 100 000

预算会计不进行账务处理。

本业务财务会计确认费用10万元，预算会计不确认预算支出，形成差异金额10万元，作为本年预算收支差额的减项调节项。

三、确认的资产处置费用（处置资产价值）示例

 例82-3

20×9年，某事业单位经批准向希望小学捐赠一批计算机。计算机原值为100万元，已计提折旧60万元。捐赠过程中发生运输费用1万元，以银行存款支付。

财务会计账务处理如下。

借：资产处置费用   400 000
  固定资产累计折旧   600 000
   贷：固定资产   1 000 000
借：资产处置费用   10 000
   贷：银行存款   10 000

预算会计账务处理如下。

借：其他支出   10 000
   贷：资金结存——货币资金   10 000

本业务中，财务会计将处置资产价值（100万元-60万元=40万元）以及支付的运费（1万元）确认为费用（40万元+1万元=41万元），预算会计将支付的运费（1万元）确认为预算支出，形成差异金额40万元（捐赠资产的价值），作为本年预算收支差额的减项调节项。

四、应付款项、预付账款确认的费用示例

 例82-4

20×9年，某事业单位经营活动使用的设备出现故障，发生维修费用5 000元，维修费用尚未支付给维修公司。

财务会计账务处理如下。

借：经营费用   5 000
   贷：应付账款   5 000

预算会计不进行账务处理。

本业务财务会计确认费用5 000元，预算会计不确认预算支出，形成差异金额5 000元，作为本年预算收支差额的减项调节项。

十九、其他

政府会计实务 100 问之第 83 问:
单位对应收的第三方支付机构的在途资金应如何进行核算

随着银联系统及网络支付方式的普及,单位在开展行政事业活动收取相关款项时,支付方通过银行卡、微信、支付宝等方式进行支付的比例越来越大。这些支付方式下,第三方支付机构作为代收方,将代收的资金放到专门的资金池,再按照事先约定,遵守 T+1 或 T+N 的规则,将一天或一段时间内代收的资金一次性转入单位账户。这样,这部分资金在支付方支付后与单位实际收到前即以在途资金的形式形成单位对第三方支付机构的应收款项。这些应收款项应通过"其他应收款"科目核算,并可以在"其他应收款"科目下设置"在途资金"明细科目进行专门核算。

具体账务处理时,在支付方完成支付的时点,财务会计需要确认其他应收款(债务方为第三方支付机构),借记"其他应收款——在途资金"科目;预算会计不进行核算。待次日或一段时间后,第三方支付机构将代收资金转入单位账户时,财务会计借记"银行存款"科目,贷记"其他应收款——在途资金"科目;如果收到的资金纳入部门预算管理,预算会计借记"资金结存——货币资金"科目,贷记相关预算收入科目。

《政府会计制度》规定,"其他应收款"科目应当按照其他应收款的类别以及债务单位(或个人)进行明细核算。对于"其他应收款——在途资金"科目,单位可以根据业务类别、第三方支付机构等进行明细核算,其科目期末借方余额,反映单位尚未收到的在途资金。

例83-1

X医院为顺应趋势,改进支付方式,提升服务质量,相继在门诊和住院部开通了微信、支付宝结算方式。20×9年1月3日,医院当天实现门急诊收入60万元,其中,病人通过微信支付20万元,通过支付宝支付40万元。1月4日,微信、支付宝通过合作银行将以上款项转入医院银行账户。

(1)1月3日,病人通过微信、支付宝完成支付时,医院的财务会计账务处理如下。

借:其他应收款——在途资金——微信　　　200 000
　　　　　　　　　　　　——支付宝　　400 000
　贷:事业收入——医疗收入——门急诊收入　600 000

医院的预算会计不做账务处理。

（2）1月4日，医院账户实际收到款项时，医院的财务会计账务处理如下。

借：银行存款　　　　　　　　　　　　　600 000
　　贷：其他应收款——在途资金——微信　200 000
　　　　　　　　　　　　　——支付宝　400 000

医院的预算会计账务处理如下。

借：资金结存——货币资金　　　　　　　600 000
　　贷：事业预算收入——医疗预算收入——门急诊收入
　　　　　　　　　　　　　　　　　　　600 000

政府会计实务 100 问之第 84 问：
单位如何对其他货币资金进行核算

其他货币资金包括单位的外埠存款、银行本票存款、银行汇票存款、信用卡存款等各种资金，通过"其他货币资金"科目核算。根据《政府会计准则制度解释第 1 号》规定，单位通过支付宝、微信等方式取得相关收入的，对于尚未转入银行存款的支付宝、微信等第三方支付平台账户的余额，应当通过"其他货币资金"科目核算。

一、财务会计核算

（1）单位将款项交存银行取得外埠存款、银行本票存款、银行汇票存款、信用卡存款等时，按照实际交存金额，借记"其他货币资金"科目，贷记"银行存款"科目。

（2）单位通过支付宝、微信等第三方支付平台账户取得相关收入尚未转入银行存款时，按照实际收到的金额，借记"其他货币资金"科目，贷记相关收入科目。

（3）在使用其他货币资金购买物资或支付费用等时，按照实际支付金额，借记"库存物品""业务活动费用""单位管理费用"等科目，贷记"其他货币资金"科目。

（4）其他货币资金款项退回单位银行账户或第三方支付平台账户余额转入银行账户时，按照实际退回或转入金额，借记"银行存款"科目，贷记"其他货币资金"科目。

二、预算会计核算

（1）单位发生外埠存款、银行本票存款、银行汇票存款、信用卡存款等的取得与款项退回业务时，由于单位的外埠存款、银行本票存款、银行汇票存款、信用卡存款等和银行存款均通过"资金结存——货币资金"科目核算，则预算会计不需要进行账务处理（单位在"资金结存——货币资金"科目下未设置明细科目时）。

（2）单位通过支付宝、微信等方式取得纳入单位预算管理的相关收入尚未转入银行存款时，借记"资金结存——货币资金"科目，贷记相关预算收入科目。

（3）单位使用其他货币资金进行支付时，若该现金流出纳入单位预算管理，则按照实际支付的金额，借记"行政支出""事业支出"等科目，贷记"资金结存——货币资金"科目。

例84-1

某事业单位将50 000元交存银行并取得银行本票，在购买物资时使用银行本票支付价款45 000元，物资已验收入库，余款5 000元因本票超过付款期而退回。

（1）取得银行本票。

财务会计账务处理如下。

借：其他货币资金——银行本票存款　　　　50 000
　　贷：银行存款　　　　　　　　　　　　　　50 000

预算会计中"资金结存——货币资金"科目未发生变化，因此不做账务处理。

（2）支付物资价款。

财务会计账务处理如下。

借：库存物品　　　　　　　　　　　　　　45 000
　　贷：其他货币资金——银行本票存款　　　　45 000

预算会计账务处理如下。

借：事业支出　　　　　　　　　　　　　　45 000
　　贷：资金结存——货币资金　　　　　　　　45 000

（3）余款退回。

财务会计账务处理如下。

借：银行存款　　　　　　　　　　　　　　5 000
　　贷：其他货币资金——银行本票存款　　　　5 000

在预算会计中，"资金结存——货币资金"科目未发生变化，因此不做账务处理。

政府会计实务 100 问之第 85 问：
单位如何对归垫资金业务进行账务处理

归垫资金业务是指行政事业单位按规定报经财政部门审核批准，在财政授权支付用款额度或财政直接支付用款计划下达之前，用本单位实有资金账户资金垫付相关支出，再通过财政授权支付方式或财政直接支付方式将资金归还原垫付资金账户的业务。财务会计主要在使用本单位实有资金账户资金垫付相关支出时，以及通过财政授权支付方式或财政直接支付方式将资金归还原垫付资金账户时进行核算；预算会计主要在通过财政授权支付方式或财政直接支付方式将资金归还原垫付资金账户时进行核算。

一、财务会计核算

用本单位实有资金账户资金垫付相关支出时，按照垫付的资金金额，借记"其他应收款"科目，贷记"银行存款"科目。

通过财政直接支付方式或授权支付方式将资金归还原垫付资金账户时，按照归垫的资金金额，借记"银行存款"科目，贷记"财政拨款收入"科目，并按照相同的金额，借记"业务活动费用"等科目，贷记"其他应收款"科目。

二、预算会计核算

用本单位实有资金账户资金垫付相关支出时，预算会计不做账务处理。

通过财政直接支付方式或授权支付方式将资金归还原垫付资金账户时，按照归垫的资金金额，借记"行政支出""事业支出"等科目，贷记"财政拨款预算收入"科目。

例85-1

某事业单位20×9年4月因财政直接支付用款计划未下达，按规定报经财政部门审批后采用单位实有资金账户资金垫付某重大紧急突发事项支出20 000元。5月用款计划下达后归还该笔垫付资金。

（1）用单位实有资金账户资金垫付时。

财务会计账务处理如下。

借：其他应收款   20 000

 贷：银行存款   20 000

预算会计不做账务处理。

（2）归还垫付资金时。

财务会计账务处理如下。

借：银行存款   20 000

    贷：财政拨款收入   20 000

借：业务活动费用   20 000

    贷：其他应收款   20 000

预算会计账务处理如下。

借：事业支出   20 000

    贷：财政拨款预算收入   20 000

政府会计实务 100 问之第 86 问：
单位内部备用金相关业务如何进行账务处理

单位内部实行备用金制度的，有关部门使用备用金以后应当及时到财务部门报销并补足备用金。财务会计主要在发放备用金，以及根据报销金额用现金补足备用金定额时进行核算；预算会计主要在根据报销金额用现金补足备用金定额时进行核算。

一、财务会计核算

财务部门核定并发放备用金时，按照实际发放金额，借记"其他应收款"科目，贷记"库存现金"等科目。

根据报销金额用现金补足备用金定额时，借记"业务活动费用""单位管理费用"等科目，贷记"库存现金"等科目，报销数和拨补数都不再通过"其他应收款"科目核算。

二、预算会计核算

财务部门核定发放备用金时，预算会计不进行账务处理；根据报销金额用现金补足备用金定额时，借记"行政支出""事业支出"等科目，贷记"资金结存"科目。

例86-1

某事业单位内部实行备用金制度，20×9年3月经财务部门核定后发放管理部门定额备用金10 000元。4月管理部门职工使用备用金500元进行零星采购，采购完毕后持有关发票进行报销，财务部门用现金补足备用金定额。

（1）3月发放备用金。

财务会计账务处理如下。

借：其他应收款	10 000
贷：库存现金	10 000

预算会计不做账务处理。

（2）4月根据报销金额用现金补足备用金定额。

财务会计账务处理如下。

借：单位管理费用   500

    贷：库存现金   500

预算会计账务处理如下。

借：事业支出   500

    贷：资金结存——货币资金   500

政府会计实务 100 问之第 87 问：
因动用发出政府储备物资应如何核算

单位因动用而发出政府储备物资时，财务会计应区分两种情况进行核算：①动用发出不需要收回；②动用发出需要收回或者预期可能收回。如果在发出、收回过程中发生了纳入部门预算管理的现金收支，预算会计也要进行相应核算。

政府储备物资的"动用"发出区别于其他发出业务。《政府会计准则第 6号——政府储备物资》第二条第一款对政府储备物资进行定义时指出，政府储备物资"在应对可能发生的特定事件或情形时动用"。这里表明，"动用"发出指为了发挥特定品种政府储备物资的功能，用以应对特定事件或情形时的发出，如为救助地震灾民，民政部门发出救灾物资。这种情形下单位发出政府储备物资是为了履行单位职能。动用发出后的收回情况，需要根据具体业务和相关文件规定判断。

一、动用发出不需要收回时的账务处理

因动用而发出不需要收回的政府储备物资的，应当在发出物资时将其账面余额予以转销，计入当期费用，即在发出物资时按照发出物资的账面余额，借记"业务活动费用"科目，贷记"政府储备物资"科目。

例87-1

某地区发生地震，民政部门向灾区发放救灾物资，发出救灾物资的账面价值为100万元，发出物资过程中未发生纳入部门预算管理的现金收支。

财务会计账务处理如下。

借：业务活动费用   1 000 000

    贷：政府储备物资   1 000 000

预算会计不需要进行账务处理。

二、动用发出需要收回或者预期可能收回时的账务处理

因动用而发出需要收回或者预期可能收回政府储备物资的，应当在按规定的质量验收标准收回物资时，将未收回物资的账面余额予以转销，计入当期

费用。在发出物资时，按照发出物资的账面余额，借记"政府储备物资——发出"科目，贷记"政府储备物资——在库"科目。按照规定的质量验收标准收回物资时，按照收回物资原账面余额，借记"政府储备物资——在库"科目；按照未收回物资的原账面余额，借记"业务活动费用"科目；按照物资发出时登记在"政府储备物资"科目所属"发出"明细科目中的余额，贷记"政府储备物资——发出"科目。

例87-2

某地区发生洪水，水利部门发出抗洪物资一批，账面余额为200万元，根据相关文件规定，抗洪结束后尚具收回价值的物资需要验收收回。抗洪结束后，按规定的质量验收标准收回物资70万元。发出、收回物资过程中未发生纳入部门预算管理的现金收支。

财务会计账务处理如下。

（1）发出物资时。

借：政府储备物资——发出　　　　　　2 000 000
　　贷：政府储备物资——在库　　　　　　　2 000 000

（2）收回物资时。

借：政府储备物资——在库　　　　　　700 000
　　业务活动费用　　　　　　　　　1 300 000
　　贷：政府储备物资——发出　　　　　　　2 000 000

预算会计不需要进行账务处理。

政府会计实务 100 问之第 88 问：
单位取得成本无法可靠取得的文物文化资产时如何进行账务处理

　　"文物文化资产"科目核算单位为满足社会公共需求而控制的文物文化资产的成本，单位为满足自身开展业务活动或其他活动需要而控制的文物和陈列品，应当通过"固定资产"科目核算。

　　对于无法取得可靠成本的文物文化资产，单位应当设置备查簿进行登记，待成本能够可靠确定后按照规定及时入账。会计核算时，主要对取得过程中发生的相关税费进行账务处理。

一、财务会计核算

　　无偿调入或接受捐赠的文物文化资产成本无法可靠取得的，按照发生的归属于调入方的费用，借记"其他费用"科目，贷记"零余额账户用款额度""财政拨款收入""银行存款"等科目。

二、预算会计核算

　　对取得文物文化资产过程中发生的纳入部门预算管理的现金流出，按照实际支付的金额，借记"其他支出"科目，贷记"财政拨款预算收入""资金结存"等科目。

 例88-1

　　20×9年2月，某事业单位接受捐赠一批成本无法可靠取得的文物文化资产，在取得过程中发生归属于本单位的相关税费20 000元，运输费50 000元，相关费用已用银行存款支付。

　　财务会计账务处理如下。

　　借：其他费用　　　　　　　　　　　　　　70 000

　　　　贷：银行存款　　　　　　　　　　　　　　70 000

　　预算会计账务处理如下。

　　借：其他支出　　　　　　　　　　　　　　70 000

　　　　贷：资金结存——货币资金　　　　　　　　70 000

政府会计实务 100 问之第 89 问：
单位的受托代理资产业务应该如何核算

单位对受托代理资产业务进行核算时，应注意以下几个问题。

第一，受托代理资产的范围。根据《政府会计制度》，受托代理资产指单位接受委托方委托管理的各项资产，包括受托指定转赠的物资、受托存储保管的物资等。受托代理资产的委托方应该是单位外部的主体，其拥有委托管理资产的控制权。单位部门间委托代管资金、物资等内部业务，不应作为单位的受托代理资产业务和受托代理负债业务进行核算。

第二，受托代理资产业务的核算。对于单位收到的受托代理资产，在财务会计中核算时，区分货币形式和非货币形式，借记"库存现金""银行存款"科目下设置的"受托代理资产"科目（货币形式），或"受托代理资产"科目（非货币形式），贷记"受托代理负债"科目；按协议或相关规定由受托方承担的相关税费、运输费、保管费等记入"其他费用"科目。在预算会计中，单位对收到的受托代理资产不进行核算，但对按协议或相关规定由受托方承担的相关税费、运输费、保管费等，需要在预算会计中记入"其他支出"科目。

需要指出的是，单位收到货币形式的受托代理资产，虽然存在现金流入，但其所有权、控制权不归属本单位，不属于单位的预算收入。《政府会计制度》第一部分"总说明"第五条第三款规定："单位对于纳入部门预算管理的现金收支业务，在采用财务会计核算的同时应当进行预算会计核算；对于其他业务，仅需进行财务会计核算。"因此，货币形式的受托代理资产不在预算会计中核算。

第三，受托代理资产的明细核算。单位对受托代理资产需要按照资产种类和委托人、受赠人等进行明细核算，一方面满足对受托代理资产实物和业务的管理要求；另一方面也满足财务报告附注对受托代理资产按照资产类别（如货币资金、受托转赠物资、受托存储保管物资、罚没物资等）披露明细信息的要求。

政府会计实务 100 问之第 90 问:
单位发生按规定缴纳企业所得税业务时如何进行账务处理

有企业所得税缴纳义务的事业单位发生按规定需缴纳企业所得税业务时,财务会计主要在发生纳税义务以及实际缴纳企业所得税费用时进行核算,预算会计主要在实际缴纳企业所得税费用时进行核算。

一、财务会计核算

发生企业所得税纳税义务时,按照税法规定计算的应交税金数额,借记"所得税费用"科目,贷记"其他应交税费——单位应交所得税"科目;实际缴纳时,按照缴纳金额,借记"其他应交税费——单位应交所得税"科目,贷记"银行存款"科目。

二、预算会计核算

实际缴纳时,按照缴纳金额,借记"非财政拨款结余——累计结余"科目,贷记"资金结存——货币资金"科目。

例90-1

某事业单位20×9年6月按照企业所得税法的规定计算经营活动应缴纳企业所得税5 000元,7月通过银行存款向税务机关缴纳企业所得税。

(1)6月发生企业所得税纳税义务。

财务会计账务处理如下。

借:所得税费用   5 000
  贷:其他应交税费——单位应交所得税 5 000

由于此时不涉及纳入部门预算管理的现金收支,预算会计不做账务处理。

(2)7月实际缴纳企业所得税。

财务会计账务处理如下。

借:其他应交税费——单位应交所得税 5 000
  贷:银行存款   5 000

预算会计账务处理如下。

借:非财政拨款结余——累计结余 5 000
  贷:资金结存——货币资金   5 000

政府会计实务 100 问之第 91 问：
单位对住房公积金的计提和发放如何进行核算

　　住房公积金是职工薪酬的重要构成。住房公积金包括职工个人缴存的住房公积金和职工所在单位为职工缴存的住房公积金。单位在计提为职工缴存的住房公积金时，应根据职工提供的服务性质计入不同的会计科目。计提从事专业及其辅助活动人员的住房公积金，借记"业务活动费用""单位管理费用"科目，贷记"应付职工薪酬——住房公积金"科目；计提应由在建工程、加工物品、自行研发无形资产负担的住房公积金，借记"在建工程""加工物品""研发支出"等科目，贷记"应付职工薪酬——住房公积金"科目；计提从事专业及其辅助活动之外的经营活动人员的住房公积金，借记"经营费用"科目，贷记"应付职工薪酬——住房公积金"科目。单位计提住房公积金时不涉及现金收支，预算会计不进行账务处理。

　　单位在代扣职工个人应缴存的住房公积金时，按照代扣金额，借记"应付职工薪酬——基本工资"科目，贷记"应付职工薪酬——住房公积金"科目。由于代扣时不涉及现金收支，预算会计不进行账务处理。

　　单位按照国家有关规定缴纳住房公积金时，财务会计中，按照实际支付的金额，借记"应付职工薪酬——住房公积金"科目，贷记"财政拨款收入""零余额账户用款额度""银行存款"等科目；预算会计中，按照实际缴纳的金额，借记"行政支出""事业支出""经营支出"等科目，贷记"财政拨款预算收入""资金结存"等科目。

例91-1

　　20×9年1月，某医院计提本月医院应为职工缴存的住房公积金55万元，其中医护人员50万元，财务人员5万元。医院从应付职工薪酬中代扣职工个人应缴存的住房公积金55万元。20×9年2月，医院向住房公积金中心缴纳单位职工的住房公积金共计110万元，其中，以财政直接支付方式支付20万元，以银行存款支付90万元。

　　1. 医院计提医院应为职工缴存的住房公积金时。

　　财务会计账务处理如下。

　　（1）计提医护人员的住房公积金。

借：业务活动费用　　　　　　　　　　　　　500 000
　　贷：应付职工薪酬——住房公积金　　　　　　　500 000

（2）计提财务人员的住房公积金。

借：单位管理费用   50 000

  贷：应付职工薪酬——住房公积金   50 000

此时，没有发生现金收支，不需要进行预算会计处理。

2. 医院代扣职工个人应缴存的住房公积金时。

财务会计账务处理如下。

借：应付职工薪酬——基本工资   550 000

  贷：应付职工薪酬——住房公积金   550 000

此时，没有发生现金收支，不需要进行预算会计处理。

3. 医院向住房公积金中心缴纳住房公积金时。

财务会计账务处理如下。

借：应付职工薪酬——住房公积金   1 100 000

 贷：财政拨款收入   200 000

   银行存款   900 000

预算会计账务处理如下。

借：事业支出   1 100 000

 贷：财政拨款预算收入   200 000

   资金结存——货币资金   900 000

政府会计实务 100 问之第 92 问：
单位如何对预计负债进行核算

预计负债是单位对因或有事项所产生的现时义务而确认的负债，例如未决诉讼或未决仲裁引起的预计负债等。按照《政府会计制度》规定，预计负债的核算包括预计负债的确认、预计负债的账面余额调整和预计负债的实际偿付。

单位在确认预计负债时，应按照履行相关现时义务所需支出的最佳估计数进行初始计量，借记"业务活动费用""经营费用""其他费用"等科目，贷记"预计负债"科目。实际偿付预计负债时，按照偿付的金额，借记"预计负债"科目，贷记"银行存款""零余额账户用款额度"等科目。根据确凿证据需要对已确认的预计负债账面余额进行调整的，应当按照当前最佳估计数对该账面余额进行调整，并按照调整增加的金额，借记"业务活动费用""经营费用""其他费用"等科目，贷记"预计负债"科目；按照调整减少的金额，借记"预计负债"科目，贷记"业务活动费用""经营费用""其他费用"等科目。预算会计仅在偿付预计负债时确认相关预算支出。

例92-1

20×9年1月A事业单位在经营活动中与B公司发生一起经济纠纷，B公司向法院起诉A事业单位。20×9年5月法院在一审中判决A事业单位赔偿B公司50万元，A事业单位不服并提起上诉。20×9年10月法院在二审中改判为A事业单位向B公司赔偿30万元。A事业单位于20×9年12月向B公司支付了赔偿款。

（1）20×9年5月，A事业单位收到法院的一审判决书时。

在财务会计中，A事业单位应将一审判决书中的应付赔偿款确认为预计负债，并将法院判决的50万元赔偿款作为预计负债的最佳估计数，进行以下账务处理。

借：经营费用   500 000
　　贷：预计负债   500 000

A事业单位在确认预计负债时并没有发生现金流出，因此预算会计中不做账务处理。

（2）20×9年10月，A事业单位收到法院的二审判决书时。

在财务会计中，由于预计负债的当前最佳估计数已变为30万元，因此，

A事业单位应将预计负债的账面余额由50万元调整为30万元，并将调减的20万元进行以下账务处理。

借：预计负债   200 000

  贷：经营费用   200 000

A事业单位在调整预计负债账面余额时并没有发生现金流出，因此预算会计中不做账务处理。

（3）20×9年12月，A事业单位以银行存款支付30万元赔偿款时。

A事业单位在财务会计中的账务处理如下。

借：预计负债   300 000

  贷：银行存款   300 000

A事业单位在预算会计中的账务处理如下。

借：经营支出   300 000

  贷：资金结存——货币资金   300 000

政府会计实务 100 问之第 93 问：
资金结存科目如何使用

　　"资金结存"科目是预算会计中预算结余类的科目，用以核算单位纳入部门预算管理的资金的流入、流出、调整和滚存等情况，该科目下设"零余额账户用款额度""货币资金""财政应返还额度"3 个明细科目。

　　"资金结存"科目主要涉及以下账务处理。

一、预算资金流入

　　单位发生预算资金流入，按照实际收到的金额，借记"资金结存"相应明细科目，根据业务实际情况，贷记相关科目。

二、预算资金流出

　　单位发生预算资金流出，按照实际支付的金额，根据业务实际情况，借记相关科目，贷记"资金结存"相应明细科目。

三、提现及存现业务

　　从零余额账户提取现金时，按照实际提取金额，借记"资金结存——货币资金"科目，贷记"资金结存——零余额账户用款额度"科目，存回现金则做相反会计分录。

四、年初、年末相关处理

　　（1）年末，按照本年度财政直接支付预算指标数大于当年财政直接支付实际支出数的金额，以及本年度财政授权支付预算指标数大于零余额账户用款额度下达数的金额，借记"资金结存——财政应返还额度"科目，贷记"财政拨款预算收入"科目。

　　（2）年末，单位根据代理银行提供的对账单做注销额度的相关账务处理，借记"资金结存——财政应返还额度"科目，贷记"资金结存——零余额账户用款额度"科目。

　　下年初，单位依据代理银行提供的额度恢复到账通知书做恢复额度的相关账务处理，借记"资金结存——零余额账户用款额度"科目，贷记"资金结存——财政应返款额度"科目。

　　"资金结存"科目是《政府会计制度》中新设立的科目，其与其他预算结转结余科目一起构成了预算会计的预算结余要素。"资金结存"科目用以反映预算结转结余资金的形态，年末结账后"资金结存"科目余额为借方余额，其他预算结余类科目整体余额为贷方余额，两者金额相等。此外，由于财务会计与预算会计核算业务口径的差异，"资金结存"科目的余额可能会与财务会计下现金相关科目的余额合计数存在差异。

政府会计实务 100 问之第 94 问：
净资产科目在期末如何进行结转

净资产科目的期末结转主要在两个时点进行，一是月末，二是年末。

一、月末结转

每月月末，单位对本期的收入和费用进行结转，转入"本期盈余"科目。具体的处理方法为：将各类收入科目的本期发生额转入"本期盈余"科目的贷方，借记各收入科目，贷记"本期盈余"科目；将各类费用科目的本期发生额转入"本期盈余"科目的借方，借记"本期盈余"科目，贷记各费用科目。

二、年末结转

年末，行政单位和事业单位的结转有所不同。

在完成会计年度最后一个月收入、费用转入"本期盈余"科目后，行政单位直接将"本期盈余"科目余额转入"累计盈余"科目，借记或贷记"本期盈余"科目，贷记或借记"累计盈余"科目。

在完成会计年度最后一个月收入、费用转入"本期盈余"科目后，事业单位按照相关规定需要从结余中提取专用基金的，先提取专用基金，再将提取后的金额转入"累计盈余"科目，依次进行以下账务处理。

（1）将"本期盈余"科目的余额转入"本年盈余分配"科目，借记或贷记"本期盈余"科目，贷记或借记"本年盈余分配"科目。

（2）根据有关规定从本年度非财政拨款结余或经营结余中提取专用基金的，按照预算会计下计算的提取金额，借记"本年盈余分配"科目，贷记"专用基金"科目。

（3）将"本年盈余分配"科目余额转入"累计盈余"科目，借记或贷记"本年盈余分配"科目，贷记或借记"累计盈余"科目。

在完成上述结转后，"本期盈余"和"本年盈余分配"科目年末均应无余额。

此外，单位还应在年末将"无偿调拨净资产"科目余额转入"累计盈余"科目，借记或贷记"无偿调拨净资产"科目，贷记或借记"累计盈余"科目。

在完成结转后，"无偿调拨净资产"科目应无余额。

需要注意的是，"本期盈余"科目和"无偿调拨净资产"科目在年末才将余额转出，使得月度资产负债表和年度资产负债表中的净资产项目存在差异。"本期盈余"科目和"无偿调拨净资产"科目在年末结转后无余额，故年度资产负债表的净资产不列示这两个项目。但这两个科目在月末可能存在余额（"本期盈余"科目在月末一般有余额，"无偿调拨净资产"科目在有无偿调拨资产业务发生时一般会有余额），故月度资产负债表的净资产需要列示这两个项目。

政府会计实务 100 问之第 95 问：
单位在接受捐赠资产时如何进行核算

行政事业单位接受的捐赠资产形式多样，既可能是现金或银行存款，也可能是存货、固定资产等非现金资产。单位在取得不同形式的捐赠资产时，账务处理存在差异，具体如下。

（1）单位在接受捐赠的现金或银行存款等货币资金时，需要同时在财务会计和预算会计中进行平行记账。在财务会计中，单位应按照实际收到的金额，借记"库存现金""银行存款"等科目，贷记"捐赠收入"科目；在预算会计中，单位应按照实际收到的金额，借记"资金结存"科目，贷记"其他预算收入"科目。

（2）单位在接受捐赠的存货、固定资产等非现金资产时，财务会计中的账务处理如下。按照确定的成本，借记"库存物品""固定资产"等科目；按照支付的相关税费、运输费等，贷记"银行存款"等科目；并按照两者之间的差额，贷记"捐赠收入"科目。单位无法确定所接受捐赠资产的成本，将捐赠资产按名义金额入账的，借记"库存物品""固定资产"等科目，贷记"捐赠收入"科目。如果单位在接受捐赠过程中支付了相关税费、运输费等，应按照实际支付的金额，借记"其他费用"科目，贷记"银行存款"等科目。

预算会计中的账务处理如下。如果单位在接受捐赠过程中支付了相关税费、运输费等，应按照实际支付的金额，借记"其他支出"科目，贷记"资金结存"科目。如果单位未发生相关税费、运输费等支出，则不需要在预算会计中进行核算。

例95-1

某高校接受校友捐赠的货币资金2 000万元，已存入银行；接受企业捐赠的存货物资，有关凭据上注明该批物资价值1 000万元，该校在取得该批存货时用银行存款支付运输费10 000元，并已将存货验收入库。

（1）高校接受捐赠的货币资金时。

财务会计账务处理如下。

借：银行存款   20 000 000

 贷：捐赠收入   20 000 000

预算会计账务处理如下。

借：资金结存 20 000 000

　贷：其他预算收入 20 000 000

（2）高校接受捐赠的存货物资时。

财务会计账务处理如下。

借：库存物品 10 010 000

　贷：捐赠收入 10 000 000

　　银行存款 10 000

预算会计账务处理如下。

借：其他支出 10 000

　贷：资金结存 10 000

政府会计实务 100 问之第 96 问：
行政单位如何核算应付政府补贴款

应付政府补贴款是指负责发放政府补贴的行政单位，按照规定应当支付给政府补贴接受者的各种政府补贴款，例如，民政部门应当向优抚对象发放的抚恤和生活补助、住建部门应当向低收入或新就业人群发放的住房租赁补贴等。对于因补贴支付义务引起的负债，行政单位应在政策规定发放政府补贴的时点并且能够确定发放对象和应付金额时，确认为应付政府补贴款。

为核算应付政府补贴款业务，行政单位应设置"应付政府补贴款"科目。该科目应当按照应支付的政府补贴种类进行明细核算。行政单位还应当根据需要按照补贴接受者进行明细核算，或者建立备查簿对补贴接受者予以登记。行政单位发生应付政府补贴款时，财务会计中，按照依规定计算确定的应付政府补贴金额，借记"业务活动费用"科目，贷记"应付政府补贴款"科目；此时没有发生现金流出，预算会计不进行账务处理。行政单位支付应付政府补贴款时，财务会计中，按照实际支付金额，借记"应付政府补贴款"科目，贷记"零余额账户用款额度""银行存款"等科目；预算会计中，按照实际支付金额，借记"行政支出"科目，贷记"资金结存"等科目。

例96-1

某行政单位发生应付政府补贴业务，按照规定计算本月应发放给低收入和新就业人群的住房补贴款为30万元。此后，该行政单位通过单位的零余额账户支付了以上应付政府补贴款项。

（1）发生应付政府补贴款时。

财务会计账务处理如下。

借：业务活动费用　　　　　　　　　　　　　300 000

　　贷：应付政府补贴款——住房补贴　　　　　300 000

行政单位在发生应付政府补贴款时没有现金的流出，因此，预算会计不做账务处理。

（2）支付应付政府补贴款时。

财务会计账务处理如下。

借：应付政府补贴款——住房补贴　　　　　　300 000

　　贷：零余额账户用款额度　　　　　　　　　300 000

预算会计账务处理如下。

借：行政支出　　　　　　　　　　　　　　　300 000

　　贷：资金结存——零余额账户用款额度　　　300 000

政府会计实务 100 问之第 97 问：
从财政科研项目中提取和使用项目间接费用或管理费时如何进行账务处理

单位按有关规定从财政科研项目中提取的项目间接费用或管理费，应通过"预提费用"科目核算。根据《政府会计准则制度解释第 2 号》有关规定，财务会计主要在计提项目间接费用或管理费、将相应资金从零余额账户划转到实有资金账户，以及实际使用项目间接费用或管理费时进行核算；预算会计主要在将项目间接费用或管理费从零余额账户划转到实有资金账户，以及实际使用项目间接费用或管理费时进行核算。

一、财务会计核算

从财政科研项目中计提项目间接费用或管理费时，按照计提的金额，借记"业务活动费用""单位管理费用"等科目，贷记"预提费用——项目间接费用或管理费"科目。

按规定将计提的项目间接费用或管理费从本单位零余额账户划转到实有资金账户的，按照划转的资金金额，借记"银行存款"科目，贷记"零余额账户用款额度"科目。

使用计提的项目间接费用或管理费时，按照实际支付的金额，借记"预提费用——项目间接费用或管理费"科目，贷记"银行存款""零余额账户用款额度""财政拨款收入"等科目。

使用计提的项目间接费用或管理费购买固定资产、无形资产的，按照固定资产、无形资产的成本金额，借记"固定资产""无形资产"科目，贷记"银行存款""零余额账户用款额度""财政拨款收入"等科目；同时，按照相同的金额，借记"预提费用——项目间接费用或管理费"科目，贷记"累计盈余"科目。

二、预算会计核算

从财政科研项目中计提项目间接费用或管理费时，预算会计不做账务处理。

按规定将计提的项目间接费用或管理费从本单位零余额账户划转到实

有资金账户的，按照划转的资金金额，借记"资金结存——货币资金"科目，贷记"资金结存——零余额账户用款额度"科目。

使用计提的项目间接费用或管理费时，按照实际支付的金额，借记"事业支出——财政拨款支出"科目，贷记"资金结存""财政拨款预算收入"科目。

例97-1

20×9年1月，某医院研究团队获得一项财政科研项目资助，项目研究期为1年，项目经费为50 000元，并在立项时一次性拨付至零余额账户。根据有关规定，医院从项目经费总额中按照15%的比例提取项目间接费用。5月，医院使用项目间接费用购买打印设备一台，价值5 000元，已验收合格。6月，医院使用项目间接费用支付科研中心网络使用费1 000元。

（1）提取项目间接费用。

财务会计账务处理如下。

借：业务活动费用   7 500

    贷：预提费用——项目间接费用或管理费   7 500

根据有关规定，预算会计不做账务处理。

（2）5月使用项目间接费用购买打印设备。

财务会计账务处理如下。

借：固定资产   5 000

    贷：零余额账户用款额度   5 000

借：预提费用——项目间接费用或管理费   5 000

    贷：累计盈余   5 000

预算会计账务处理如下。

借：事业支出——财政拨款支出   5 000

    贷：资金结存——零余额账户用款额度   5 000

（3）6月使用项目间接费用支付科研中心网络使用费。

财务会计账务处理如下。

借：预提费用——项目间接费用或管理费   1 000

    贷：零余额账户用款额度   1 000

预算会计账务处理如下。

借：事业支出——财政拨款支出   1 000

    贷：资金结存——零余额账户用款额度   1 000

政府会计实务 100 问之第 98 问：
单位对收取的差旅伙食费和市内交通费如何进行账务处理

接待单位按规定收取出差人员差旅伙食费和市内交通费并出具相关票据的，根据单位是否承担支出责任进行不同的账务处理。

一、单位不承担支出责任

单位不承担支出责任时，财务会计主要在实际收到款项，以及向其他会计主体转付款时进行核算；由于该部分资金不纳入部门预算管理，预算会计不做账务处理。

单位在收到款项时，应当按照收到的款项金额，借记"库存现金"等科目，贷记"其他应付款"科目或"其他应收款"科目（前期已垫付资金的）；向其他会计主体转付款时，借记"其他应付款"科目，贷记"库存现金"等科目。

二、单位承担支出责任

单位承担支出责任时，在实际收到款项时，财务会计冲减相关费用，预算会计冲减相关支出。

单位在收到款项时，应当按照收到的款项金额，在财务会计中借记"库存现金"等科目，贷记相关费用科目；同时在预算会计中借记"资金结存"科目，贷记相关支出科目。

例98-1

某事业单位20×9年4月12日因工作需要，作为接待单位按规定为外来单位2位出差人员安排饭店盒饭作为工作餐，收取出差人员交纳的伙食费80元（40元/份）。4月30日，单位与饭店进行盒饭费用结算。

单位不承担支出责任，预算会计不做账务处理，财务会计账务处理如下。

（1）收到伙食费时。

借：库存现金   80

  贷：其他应付款   80

（2）与饭店结算盒饭费用时。

借：其他应付款   80

  贷：库存现金   80

政府会计实务 100 问之第 99 问：
单位发生会计估计变更时应如何处理

　　《政府会计准则第 7 号——会计调整》定义会计估计为：政府会计主体对结果不确定的经济业务或者事项以最近可利用的信息为基础所做的判断。典型的会计估计包括固定资产、无形资产的预计使用年限等。

　　当单位据以进行估计的基础发生了变化，或者由于取得新信息、积累更多经验以及后来的发展变化，可以对会计估计进行修订。

　　单位对会计估计变更应采用未来适用法处理。未来适用法，是指将变更后的会计政策应用于变更当期及以后各期发生的经济业务或者事项，或者在会计估计变更当期和未来期间确认会计估计变更的影响的方法。会计估计变更时，单位不需要追溯计算前期产生的影响或者累积影响，但应当对变更当期和未来期间发生的经济业务或者事项采用新的会计估计进行处理。会计估计变更仅影响变更当期的，其影响应当在变更当期予以确认；会计估计变更既影响变更当期又影响未来期间的，其影响应当在变更当期和未来期间分别予以确认。

例99-1

　　某单位一台固定资产原价20万元，原一直按10年计提折旧，已计提了3年，每年计提2万元，累计折旧6万元。今年年初，该单位根据相关文件规定，将该固定资产折旧年限变更为8年。固定资产折旧年限的变更属于会计估计变更，单位采用未来适用法处理，即从当年起，以今年1月1日该项固定资产的账面价值（原价减去已提折旧后的金额）作为应计提折旧额，在变更后新的折旧年限扣除已计提折旧年限的剩余年限内计提折旧。因此，从今年起，单位每年应计提折旧额为（20-6）÷（8-3）=2.8（万元）。

政府会计实务 100 问之第 100 问：
编制净资产变动表时应注意哪些问题

　　净资产变动表反映单位在某一会计年度内净资产项目的变动情况。由于净资产变动表仅要求按照年度编制，因此，报表中净资产构成项目不包括年末（年初）余额为零的"无偿调拨净资产"和"本期盈余"科目的对应项目。

　　净资产变动表的整体逻辑是，以单位净资产的上年年末余额为起点，列示相关业务事项对净资产的影响金额，从而得到净资产的本年年末余额。在具体填列报表项目时，需要注意以下问题。

　　（1）"上年年末余额"行的"累计盈余"项目金额取自单位核算账簿"累计盈余"科目的年末余额，"本年年初余额"行的"累计盈余"项目金额并不直接取自单位核算账簿"累计盈余"科目的年初余额，而需要通过"上年年末余额"行的"累计盈余"项目金额和"以前年度盈余调整"行的"累计盈余"项目金额计算得到。

　　（2）"归集调整预算结转结余"行的"累计盈余"项目金额为单位本年财政拨款结转结余资金归集调入、归集上缴或调出，以及非财政拨款结转资金缴回等多类业务发生金额的合计金额。单位可以在日常核算时在"累计盈余"科目下设置相应明细科目，在年末编制本表时，则可利用信息系统自动从相应明细科目取数并合计，完成本项目的填列。

　　（3）"从预算收入中提取专用基金"行的"累计盈余"项目不填列，仅填列"专用基金"项目。因为从预算收入中提取专用基金时，借记费用类科目，贷记"专用基金"科目，相关发生金额计入费用类科目，费用类科目本年发生金额已计入本表"本年盈余"行的"累计盈余"项目金额。

　　（4）"设置的专用基金"行的"累计盈余"项目不填列，仅填列"专用基金"项目。因为设置专用基金时，借记"银行存款"等科目，贷记"专用基金"科目，不通过"累计盈余"科目核算，对"累计盈余"科目发生额不产生影响。

　　（5）"使用专用基金"行的"专用基金"项目列示按规定使用专用基金的总金额，分为购置及不用于购置固定资产、无形资产两种情形。"累计盈余"项目仅列示按照规定使用专用基金购置固定资产、无形资产时确认的固定资产、无形资产成本金额，使用专用基金但不是用于购置固定资产、无形资产时，不通过"累计盈余"科目核算，对"累计盈余"科目发生额不产生影响。